自由写作十二讲

魏智渊 / 著

儿童阅读教育
公益机构"担当者行动"橡果书院
儿童阅读师资培养配套用书

长江出版传媒 ｜ 长江文艺出版社

图书在版编目（CIP）数据

自由写作十二讲 / 魏智渊著. -- 武汉 ： 长江文艺

出版社，2025．1（2025．7 重印）. --（大教育书系）.

ISBN 978-7-5702-3858-3

Ⅰ．G623.243

中国国家版本馆 CIP 数据核字第 2024QF2898 号

自由写作十二讲

ZIYOU XIEZUO SHIERJIANG

责任编辑：施柳柳 责任校对：程华清

封面设计：扁 舟 责任印制：邱 莉 韩 燕

出版：长江出版传媒｜长江文艺出版社

地址：武汉市雄楚大街 268 号 邮编：430070

发行：长江文艺出版社

http://www.cjlap.com

印刷：湖北恒泰印务有限公司

开本：710 毫米×970 毫米 1/16 印张：11

版次：2025 年 1 月第 1 版 2025 年 7 月第 4 次印刷

字数：152 千字

定价：48.00 元

目 录

序

干国祥

1

许多名师竭尽一生，致力于作文教学，试图让学生写出有灵性、有理性的好作文；更多名师竭尽一生，致力于语文课本的教学，试图让学生拥有理想的"语文素养"，或者阅读力。

但是这两种努力夸张一点说，都是先把一个人两条腿中的其中一条打跛了，再训练这个人去跑步。

保留阅读、写作的另外一条腿，至少和以上这两种努力是同样重要的。

对于课文阅读而言，同样重要的另一条腿就是课外阅读系统的建构。对于作文教学而言，同样重要的另一条腿就是自由写作课程的建构。

2

从一开始就得十万分警惕：任何系统的建构，都得当心变成另一种教材，甚至是教材的加厚版。

这里所说的系统，仅仅是指教育者头脑中必须拥有系统性，并不意味着学生在阅读和写作中，也需要严格地遵循一个系统。那样太危险了。

3

南明教育团队，全人之美课程研发团队，尤其是魏智渊老师，这二十年来就致力于这一课程的研发与观察——尤其是观察、反思、归纳。

呈现在大家眼前的这本书，就是这一体系的观察、反思与归纳，而不是这一课程本身。

提醒这一点非常重要，因为许多局外人会认为一本书就是课程本身，这样理解，是把地图当成了风景本身。

毫无疑问，这本书应该就是目前关于上述课程系统，或者说那个美好风景的最佳地图，最佳指引。

4

一个好的序言，应该是一本书的最佳指引，但我不认为自己能够扮演好这个角色。

也许我也可以努力作一尝试，但内心深处，我希望我的序言能够引发你和作者的对话，甚至是对峙。

即使这是一本手册型的向导书，我仍然固执地希望你能够引发与它的对话，去自由探索写作课程，而不是按图索骥、照本照抄。只有在自由的基础上，模仿才是合理的，必要的。

5

这本书的要义我认为是两点：一是明确了"自由写作"和"作文"的不同之处，二是提供了自由写作的基本做法。

鲜明的对比能够让我们更快捷、更准确地把握一个事物。要理解自由写作，就必须把它和"作文"放在一起进行展示。相信这本书在这一点上会让你有全新的认识，但你依然可以保留自己的感受、观点，并借助阅读，生成更好的新见解。

6

当然，这本书最大的价值是"可操作性"，或者说，是它背后有一个成熟的课程体系，有十多年真实的、丰沛的实践经验，它，或者说它指引的那个课程，是经过了实践检验的。

7

所有强大的经验，所有趋近完美的体系，都有可能成为对自由、自由写作的抑制，如何借助这本书，以及这本书所介绍的体系，而不被其限制，真正去尝试你自己主导的自由写作课程，才是让这本书成为美好礼物的最佳用法。

第1讲

0—18 岁儿童的写作地图

一

儿童（我们且定义为 6—15 岁区间，虽然联合《儿童权利公约》将 0—18 岁定义为儿童期）在发展的过程中，有三件事非常重要：

1. 道德人格；
2. 核心素养；
3. 个性发展。

这三者不可分割。但整体而言，道德人格强调的，主要是两个问题：一是"我应该如何生活"，即确立自己的道德原则，追寻自己的生命意义；二是"我应该如何与他人相处"，即完成对社会规范的学习与反思，并协调自我与社会的关系，这是一个社会化过程。核心素养，或者说核心能力，主要是指学习能力和做事能力。学习也是为了做事，实际上是同一个能力的不同侧面。核心素养又可以分为基础素养和核心素养。基础素养，就包含了阅读、写作、沟通、审美等能力，其本质上是思维能力。而核心素养，往往指在相关的职业或专业领域里的专业能力。个性发展，是指儿童拥有某种天赋、热爱或专长，某种先天或后天的倾向性。这种倾向性，既是一生职业发展乃至于专业发展的可能方向，又是激情与幸福的源泉。

在这三件事中，写作既是最重要的基础素养之一，又是表达与沟通的桥梁，重要性不言而喻。

那么，为什么要写作？

我特别喜欢《文心雕龙》里的这一段话：

> 文之为德也大矣，与天地并生者。何哉？夫玄黄色杂，方圆体分，日月叠璧，以垂丽天之象；山川焕绮，以铺理地之形：此盖道之文也。仰观吐曜，俯察含章，高卑定位，故两仪既生矣。惟人参之，性灵所钟，是谓三才。为五行之秀，实天地之心，心生而言立，言立而文明，自然之道也。
>
> 傍及万品，动植皆文：龙凤以藻绘呈瑞，虎豹以炳蔚凝姿；云霞雕色，有逾画工之妙；草木贲华，无待锦匠之奇。夫岂外饰，盖自然耳。至于林籁结响，调如竽瑟；泉石激韵，和若球锽：故形立则章成矣，声发则文生矣。夫以无识之物，郁然有采，有心之器，其无文欤？
>
> ——《文心雕龙·原道》

译文：

文的意义是很重大的，它和天地一起开始。为什么这样说呢？从宇宙混沌到天地分判，出现了两块圆玉似的日月，显示出天上光辉灿烂的景象；同时，一片锦绣似的山河，也展示了大地条理分明的地形。这些都是自然规律产生的文采。天上看到光辉的景象，地上看到绚丽的风光；天地确定了高和低的位置，构成了宇宙间的两种主体。后来出现汇聚着聪明才智的人类，就和大地、天空并称为"三才"。人是宇宙间一切事物中最突出的，是天地的核心。人都具有思想感情，从而产生出语言来；有了语言，就会有文章：这是自然的道理。

人以外的其他事物，无论是动物或植物，也都有文采。龙和凤以美丽的鳞羽，表现出吉祥的征兆；虎和豹以动人的皮毛，而构成壮丽的雄姿。云霞的彩色，比画师的点染还美妙；草木的花朵，也并不依靠匠人来加工。这些都不是外加的装饰，而是它们本身自然形成的。还有林木的孔窍因风而发出声响，好像竽瑟和鸣；泉流石上激起的音韵，好像磬钟齐奏。所以，只要有形体就会有文采，有声音就会有节奏。这些没有意识的东西，都有浓郁的文采；那么富有智慧的人，怎能没有文章呢？

这段话，非常清晰地从"道"的层面，或者说存在的层面，或者说底层逻辑的层面，揭示了写作的本质，即"显现"。"文章"的"文"，本来就是"花纹"的"纹"，是万物显现出来的纹理。一朵花绽放时的状态，就是它的"纹"或"文"，是一朵花的本质的显现，或者说是一朵花的真理性显现。同样的，天空、大地、自然万物，都有自身的显现方式。

那么，一个人如何显现自身？

人显现自身的方式，仍然是"文"。这个"文"，是广义来讲的，仍然是"显现"的意思。这种显现有两种方式：一种是"言"，包括口语和写作；一种是"行"，即在行动或做事中显现。哪怕一个人作"伪"，也是一种曲折的显现。就像在生活中，有些人爱撒谎，他在别人眼中，就显现为一个不可信的人；有些人做事不靠谱，他在别人眼中，就显现为一个不可托付的人。这种显现，就是一个人本质的表达。一个真正的人，应该是富有理想且表里如一的。这个理想，包含了一种丰富、深邃，就孔子的话来讲，就是"彬彬"。所以他说："文质彬彬，然后君子。"

从这个意义上讲，写作的本质，也可以表达为"自我显现"，或者"表现与表达"。"表现"更侧重于强调自我呈现，或"存在的显现"；"表达"更侧重于强调交际功能，即"在关系中显现"。

理解写作的本质为什么非常重要？

因为现在的儿童写作中，假大空的东西太多了！今天有多少儿童会在写作中表达自己的真情实感？语言的腐败乃至于异化，会导致存在本身的机械化和扭曲，因为人在本质上就是栖居于语言之中，"语言是存在的家园"。假话大话套话说久了，人格会受到影响，生活方式也会日渐庸俗堕落。而自由写作课程，就是希望能够让儿童真实地表达自己。

真实地表达自己——即"我手写我心"，并不是一个简单的表达过程，而是一个语言与人格、思维相互塑造的过程。这也是一个反思过程，甚至还是一个元认知的过程。比如当我要讲述一件事，或者表达一个观点，写作的过程，首先包含了梳理事件或思想，梳理就自然而然地包含了反思。高明的写作者，还会形成对反思的反思，即元认知过程。这样，增强了反思性，生活的自觉性就提升了。这很重要，正如苏格拉底所说："未经反思的人生是不值得过的。"而写作，就是最好的反思路径之一。

二

那么，自由写作与作文的区别是什么？

在自由写作中，我们使用的概念是"写作"，而不是"作文"，是有深意的。"写作"是生活的常态，是人生的工具。"作文"则是特定年龄阶段（比如学龄）为了养成写作能力而进行的一种训练。换句话讲，"写作"是自然的，"作文"是不自然的。

自由写作，本质是"自由"，即在真实的生活场景或学习场景中，基于自我呈现、交际或任务的需要而写。爱了恨了痛了无聊了，可以通过写作来自由地表达；与朋友、同事、陌生人要传递信息、态度与观点，可以通过写作来自由地表达；要完成学习或工作任务，需要写公告、说明、论文等，可以通过一定的模型来自由表达。

作文，本质是"规范"。即在虚拟的场景或话题、题目设计中，围绕着特定写作要求（比如结构、详略、表达方式、修辞等）进行写作。多数时候是文章写作，即训练怎样把一件事写清楚，把一个道理讲明白；有时候是文体写作，即怎么写日记、怎么写童话、怎样写新闻，诸如此类，训练常见基本文体的写作；有时候是文学写作，强调的是主题的提炼、故事的架构、人物形象的塑造，以及积极修辞等方面的学习。作文的重点是"规范"，是戴着镣铐跳舞。

我们强调作文的本质是"规范训练"时，强调的是维果茨基所谓的社会建构，即帮助儿童习得写作必要的基础规范，以便别人能够真正地读懂；有时候我们也会强调作文的本质是"精确训练"，强调的是皮亚杰意义上的发展过程，即写作源于浪漫，经由精确，抵达综合。这也是怀特海"浪漫—精确—综合"理论在写作中的运用。而所谓的"浪漫"与"综合"，本质上都是自由阶段，或者是自由写作。

自由写作与作文更详细的区别，如下所示：

课程形态	浪漫	精确	综合
	自由写作	作文	自由写作／应用文
主题：写什么	命题、半命题、自主选题相结合	命题、半命题或材料作文	规定主题或内容
形式：怎么写	自由，不拘一格	被训练点规定	符合文体规范
反馈：怎样批阅	关注内容，激励为主	关注形式，精确反馈	关注内容和规范
频率	每周 1—2 篇	每学期 6—8 篇	视需要而定
要点	数量与兴趣	符合训练点	规范和解决问题

显然，将应用文也归于自由写作，是因为自由写作和作文的最大区别在于，作文是训练如何规范写作，而自由写作则是对写作的运用。在作文中，教师更关注写作形式本身；但在自由写作中，写作只是工具，除少数情况下，关注的

焦点是在写作内容上。或者说，写作能力的发展，在作文中是显性的、被聚焦的；但在自由写作中则是隐性的、是默会的。这一区别，带来了反馈上的区别。

总之，自由写作就像谈恋爱、写情书，或者说绵绵不断的情话。在这个过程中，双方似乎都没有留意到表达本身，但因为强烈的表达欲望，潜意识里一直在寻找最好的结构与语言。一旦潜意识里的寻找被过度地意识化，就可能破坏恋爱本身。比如说你收到一封情书的时候，总不会说："你瞧，这里有个字写错了，我给你指出来；你这个比喻用得不对，应该区分本体和喻体；如果你这里加一个中心句，意思就表达明确了……"这就混淆了自由写作与作文。

分不清自由写作与作文，用教作文的方式去教自由写作，这是自由写作课程最大的障碍。

弄清楚了这一点，我们才可以讨论，在儿童发展的不同阶段，写作到底是以怎样的方式在进行，从而勾勒出一幅 0—18 岁儿童的写作地图。

讲到写作，我们总有一种根深蒂固的观念，即写作必须以识字和写字为基础。你字都不会写，怎么写作啊？实际上，写字是写作的工具，但并不是写作的基础。写作的真正基础，是生活世界，是丰富的意义。

幼儿生下来，用嘴巴、眼睛、四肢，乃至于整个身体来表达（比如"我饿了"）或回应（比如"这样我很不舒服"）时，就已经可以视为表达与表现，视为一种潜在的写作，或者叫前写作。这是写作的"身体阶段"，而具身认知与表达是伴随一生的。

当幼儿可以开口说话时，他说出的每一个句子，都可以被视为一种"口语写作"。这仍然是前写作。写作工具，由动作进化为口语（动作并没有消失，也永远不可能消失）。这是写作的"口语阶段"，最终会演化为口语交际能力、演讲与辩论的能力。

当儿童开始进入涂鸦期，他开始用线条和色彩来表达，可以视为一种"图画写作"。这仍然是前写作。写作工具，变成了图画。这一时期，延续到了小学低段，这是写作的"图像阶段"。针对这一阶段，南明教育全人之美课程设计了一个专门的课程，叫"读写绘"。其中的"读"，指的是绘本（图画书）阅读；其中的"写绘"，是以"绘"的方式"写"，仍然是一种前写作形态。

或许，从这种前写作形态中，我们可以清晰地窥见写作的本质。写作是存在的显现，那么，"存在"又是如何"显现"自身的呢？存在之根，深入地扎在生命、生活之中，就是我们的全部生活世界之中。它的显现方式可以分为两种：一种姑且称之为"诗"，即存在表达为感觉、激情、意义；这里的意义，即指世界与自我的关系。一种姑且称之为"思"，即存在表达为动作、运算、思维；这里的思维，即对世界与自我的思考。而诗与思，在生命的每一个阶段，都既有侧重，又不可分割，处于一种"诗—思—诗"的循环之中，我们也可以称之为"经由思，抵达诗"。（这是怀特海"浪漫—精确—综合"理论的又一种表达。）

为什么现在的学校作文，会背离写作的本质呢？

我认为关键，是"思"的丧失。"思"的丧失，同时也导致了"诗"的丧失。写作本应该以思维为核心，而学校作文，却往往以修辞为核心，沦为美文，沦为好词好句的堆砌。"诗"变成了煽情、滥情、伪抒情；而"思"，则变成了讲道理，变成了大话、空话、假话、套话。

为什么在诗与思中，我会强调写作是以"思维"为核心呢？因为在生活世界中，更多的写作，带有公共写作性质，而公共写作更强调思维。

这种"思"，在前写作时期已经展开了。按照皮亚杰的观点，思维即大脑的内在运算；而在早期，运算乃是动作的内化。这就是说，思维源于动作。所以，早期的动作、口语、图画中，都包含了思维。

在 0—8 岁，父母与儿童的互动，应该是丰富而有规律（节奏）的。为什么必须是丰富的？因为儿童是通过与外部世界的互动来建构自己的思维和情感的。如果外部世界给予的材料或反馈是单调和粗暴的，儿童的情感世界就缺乏弹性，儿童的思维就会变得机械。为什么必须是有规律的？因为最早的意义，源于动作、源于节奏。比如儿歌，主要是依赖于节奏建立意义，尤其是早期的安全感。所以在早期教育中，安全的环境、丰富而健康的刺激（说话、讲故事等）、高品质的反馈、稳定友好而多元的社交环境，都是极其重要的。

在小学低段，还有几种非常重要的课程过渡手段，分别是朗诵、复述和讲故事。

朗诵与复述，都是介于读写之间的方式。既是一种理解方式，也是一种表达方式。同样的，讲故事为什么是重要的？因为复述或讲故事，本质上都是一种建构，是一种理解以后的重新建构，是一种通过模仿来表达的有效形式。

四

在学校里，三年级是作文的真正开端。三年级以前，不叫作文，叫"看图写话"。同样的，三年级，也是继低段写绘（写绘是低段自由写作的最佳形式）之后，自由写作的真正开端。

经历了一二年级的大量识字，儿童已经初步做好了文字写作的准备。但是，写作并不是只要会写字就行，还涉及一系列的复杂技巧，如处理主题、结构、表达、修辞等诸多问题。在中段作文教学中，和阅读教学相一致，儿童训练的核心，是"段的写作"。哪怕写整篇作文，也更像一个大的段落。要训练完整的结构（起因—经过—结果），要有中心句的意识，并处理好段落之间、句子之间的逻辑关系，要学会使用基本的标点符号，要学会诸如比喻、排比等基础的修辞手法等。

但自由写作则很不同。早期的自由写作，并不强调章法的约束或建模之类，而是强调兴趣与数量。

兴趣往往与主题相关。如果说，低段写绘时期，是属于儿童写作的象征主义时期的话，那么，中段的自由写作，则处于浪漫主义时期。这一阶段的儿童，尚未进入青春期，抽象能力的发展——或者说理性发展尚不成熟，思想往往是天马行空的，大脑是充满想象力的。因此，这是一个创意写作时期。儿童最自然的写作内容，往往是虚构的、奇幻的，是非逻辑且处于不断变化中的。儿童会编写各种各样稀奇古怪的故事，以一种自己也未必知道的方式，来曲折地表达自己的内心世界。

这一时期的自由写作，不宜有太多形式方面的要求，甚至就不应该有要求；而应该鼓励儿童多写，写多，写长，甚至写成连续的篇章。在这种写作中，故事逻辑会有漏洞，故事结构会不完整，语法可能有不少错误，甚至错别字都可能很多。整篇故事读下来，更像是一场漫游，是想象世界中的流水账，甚至是洪流。这股洪流，意义是非常重大的。如果没有想象的洪流，儿童的精神与语言，就无法丰富起来、无法深邃起来，就缺乏可以雕刻的材料。这种写作，因为往往是非现实的，所以叫"创意写作"，是三四年级自由写作的主导形式。

三四年级自由写作的另一种重要形式，是或许从低段就逐渐开始的"童诗创编"。童诗创编往往和晨诵课配合进行，效果更好。童诗创编包括了模仿、续编、改编、创编等多种形式，有助于儿童揣摩和锤炼语言、潜意识地习得优美语言的内在结构。

当然，中段的自由写作，也可以并且应该与课程、与生活，甚至与教材关联。毕竟，自由写作本身就要保持丰富性。

五

五年级前后，儿童开始进入青春期。从思维发展的角度讲，即逐步进入所谓的"形式运算阶段"。这一时期的儿童，从精神、思维到语言，都在发生根本的变化。儿童的世界，从家庭和学校，开始向整个世界延展。以前儿童更关心的是熟人世界，现在儿童则开始关心遥远的陌生人。以前对儿童来讲，最重要的是家，现在则越来越关心社会。这是一个儿童精神和心理发展的"现实主义时期"。

经历了三四年级大量的创意写作，儿童对主题和语言，积累了丰富的感觉。并在这个过程中，发展了潜在的秩序感（混沌中涌现出秩序）。儿童的写作变容易了，语言变流畅了，结构也在向好的方向转化。自由写作开始迎来一个新的时期。

在这一时期，公共写作，将成为自由写作的主导类型。

公共写作，是儿童围绕着现实生活中共同关心的话题或问题，利用写作来发展观点和开展讨论。这些话题或问题可能包括：社会热点问题、道德两难问题、班级或学校发生的重要事件。班级发生的事件，是公共写作最重要的部分。正因为如此，公共写作就具有了道德人格教育的功能，是暮省的一种重要方式。

公共写作进一步拓展，就发展为课程写作和应用文写作两种非常重要的自由写作类型。比如围绕着语文教材中的重要话题，尤其是围绕着整本书，或者其他类型的阅读中的重要话题，可以通过写作来表达。在这里，自由写作就融入了课程，成为有机的组成部分。

因为公共写作是一种公共表达，而不是私人写作，写作规范就非常重要了。所以到了高段，一些常用的文体，也要进行模型训练，即所谓文体建模。比如演讲稿写作、论文写作、读后感写作、文学评论写作等。这种文体建模与教材中的文体建模有一定的差别，往往是"做中学"，即围绕着具体的内容，对写作形式进行一定的规范，并不是为了训练而训练，而是在使用中训练。

当然，其他的自由写作形式依然存在，比如私人写作或文学写作，甚至还要加入一定的叙事模型的训练。多样化，永远都是自由写作的特征。

高段教材的作文训练，是以篇章训练为主，包括了文章训练和文体训练。这种训练也为自由写作提供了潜在的支持。一手自由写作，一手精确作文，两种不同的写作方式，就这样交织起来且相互支撑。

在这一章里，我们论述了如下问题：

· 自由写作的本质是什么？

· 自由写作与作文教学的区别在哪里？

· 0—18 岁儿童的写作，是一个怎样的发展过程？

在构建 0—18 岁儿童写作地图（当然侧重于小学阶段）中，我们从两个维度进行了阐述。

一是同一阶段，儿童自由写作的不同类型。即在每一个具体的阶段，儿童自由写作的形式虽然有主导形式，但仍然是多样化的。

二是在不同阶段，儿童自由写作的主题内容、文体特征、语言形式，有着明显的阶段变化。并且，这种变化是与儿童的身心发展阶段，尤其是思维发展阶段紧密相连的。

更重要的是，自由写作与作文训练，是有本质区别的。前者浪漫，后者精确；前者自由，后者规范。在同一时段内，自由写作与作文训练并举；在不同时段内，自由写作是作文训练的前提。这对习惯了作文训练的老师来讲，是一个挑战。但是，作文教学的少慢差费以及机械呆板，本质的原因，既在于对写作原理缺乏透彻的把握、训练不当，更在于缺乏足够的自由写作经验。从这个意义上讲，自由写作的意义，尤其在小学阶段自由写作的意义，不容低估。如果从更长的时间跨度来讲，小学阶段，应以自由写作为主，作文训练为辅；中学阶段，应该作文训练与自由写作并重。如此，才可能训练出儿童一生有用的写作能力。

第2讲

自由写作的核心原理与基本方法

一

在上一讲里，我们重点讲了写作的本质，0—18岁不同年龄阶段写作的核心特征，并且对自由写作与作文，进行了初步的区分。这一讲，重点讨论自由写作的核心原理与基本方法。

自由写作的目的是什么？是达成"写作自动化"。通俗地讲，就是"我手写我心"。

写作自动化，是指用书面语言表达思想与情感时，能够达到自动化或半自动化水平。即不用在谋篇布局、遣词造句上耗费大量的认知资源，能够相对自如地、默会地、自动化地运用语言来进行流畅而准确的表达。打个比方，写作能力就像驾驶技术，对于成熟的司机而言，他不用分配太多的精力在"怎么开车"这件事上，或者说，他在这件事上分配的资源非常少。更多的注意力，是分配在观察道路和前后左右的车辆上。我们就可以说，开车这项技能对他来说，已经自动化了。写作达到自动化水平的人，就像老司机一样，也能够熟练地驾驭文字、流畅地表达自己的思想与情感。相反，如果是新手司机呢？可能手忙脚乱，既要在驾驶这件事上分配注意力，还要观察路面的状况和前后左右的车辆。这就很难加以协调。不但累，而且出车祸的概率，也大大地提升了。同样的，不成熟的写作者，心里有个想法，但可能不知道怎样去表达，不知道如何处理结构与语言。这就是茶壶里煮饺子，肚里有货倒不出来。

自动化在本质上，是一种写作上的基础协调能力。其目的，是追求"文从字顺，清晰明了"，即所谓的消极修辞：简明、连贯、得体；并不追求语言的华丽。对积极修辞的研究和运用，不属于自动化写作范畴。文学性写作更不是自动化写作，而是一种更为私人化和艺术化的写作，追求的恰恰不是通俗，而是陌生化。陌生化与自动化是相对立的，自动化是陌生化的基础，是一种规范表达；陌生化是对自动化的挣脱，是一种个性表达。自由写作中也鼓励陌生化表达；但自动化写作，尤其是小学的自动化写作，追求更多的，是自动化表达。哪怕是在个性化表达中，首先达成的，也是自动化表达能力。

大多数成人，是缺乏自动化表达能力的（但通常具有自动化阅读能力）。比如许多人在单位里，写个材料、发个通知，都会出现各种各样的故障。比如结构不对，要素缺乏，表达不清，用词不当……凡此种种，都属于写作自动化能力不足。而在当今时代，写作能力非常重要，是属于职业人的基础能力。如果不能准确地传达信息、观点和故事，就会产生大量的浪费。

写作自动化是一种潜在的书面表达能力，是一种潜意识里的对表达的默会。为什么大多数成年人，都不具备这种能力呢？因为我们的学校教育，通常更重视显性的知识与能力的培养，而忽略了这种默会能力的培养。比如作文教学，练习量少，又高度精确，无法刺激写作自动化能力的生成。而缺乏写作自动化能力，整体的精确写作训练，也往往效果不理想。不夸张地说，中国学生写作水平普遍差，跟没有重视自由写作、没有重视写作自动化有着非常大的关系。

二

写作自动化既然如此重要，那么，写作自动化是如何形成的？

必须明确，写作能力，本质上是一种技能。而技能训练，有一个充满争议但是可以参照的理论，即"一万小时理论＋刻意练习"。在自由写作中，"一万小时理论"背后的原理可以用来迁移理解；而作文主要是一种"刻意练习"。当然，自由写作中也包含了刻意练习，作文也需要写作数量，但整体来讲，侧重点有非常大的不同。

简要地讲，写作自动化能力的形成，需要大量的写作实践。就像只有大量阅读才能形成语感，即与潜意识里的自动化的阅读理解能力一样，大量写作，才能形成写作自动化能力，让谋篇布局、遣词造句显得不那么费力。

这跟锻炼身体是一个道理。身体必须经历大量的锻炼，筋骨才能变得灵活起来、有力且有韧性，在不同的处境中能够保持必要的协调。同样的，写作也要经历大量的写作实践，对文字的把握才能够逐渐变得自如。这种通过大量写作而形成的潜在的写作自动化能力，是一种举三反一的能力，与精确的作文训练所强调的举一反三恰好相反。两者相互补充，才构成了完整的写作课程。

背后的原理，有点反直觉。儿童不是学会写作，才开始大量写作的。儿童是大量写作之后，才形成写作能力的。写作如同阅读，也要经历一个漫长的"浪漫阶段"。这个浪漫阶段，才是精确作文训练的前提和基础。可能有人会问：儿童不会写作，怎么可能大量写作呢？这个问题的背后，有两个潜在、但错误的假设：儿童在有人教他写作技巧之前，是不会写作的；儿童一开始写作，就应该以正确的方式写作。这两个假设都错了。错误的观念，会导致写作教学的少慢差费。儿童在有人教他写作技巧之前，事实上已经会写作了。一个儿童学会了说话，就已经是在用声音写作。他说出来的话之所以能被听懂，就是因为有结构、有因果、有语法、有一定的修辞。文字表达，只是在学会写字后，将原本口语可以表达的书面化。口语与书面语言，当然有很大的不同。但书面语言，仍然是以口语为基础的。而写作技巧的训练，无非是将这种潜在的写作能力显性化、秩序化，变得更为自觉而已。第二个假设，也违背了认知规律。儿童并不是一开始就说正确的话，写正确的句子，进行正确的学习。相反，写作的秩序，是从混沌中涌现出来的。儿童也是通过对大量的错误的纠正来学习的。早期的学习，混杂着正确与错误、有意识与无意识。学习就是将这些杂糅在一起的知识逐渐秩序化、概念化、自动化的过程。

写作在一开始，是先写多写长，写得乱不要紧，语法不正确不要紧，有错别字不要紧。只有能不断地主动地表达，才有可能在后续的学习中，对表达进行约束和规范。在第一阶段，敢写、爱写、多写，比正确地写，要重要得多。有人以为，儿童写作，要先从写话开始；先把话写正确了，再写段落；把段落写好了，再写文章。由浅入深，由易到难，循序渐进。这是错误的认知观念。连盖房子都不是这样盖的。没有人盖房子，是从砖头开始的，似乎一块砖一块砖地累积，房子就盖成了。盖房子是从搭建结构开始的，先把框架搭建好，再一点一点地把砖砌进去。同样的，锻炼身体的时候，也没有人说，你先把胳膊练好再练习腿，再练习腰，最后组合一下，就可以了。锻炼身体，一开始都是整体地练习，然后再聚焦每一部分深入地练习。

读写绘的原理，就是早期的自由写作。甚至儿童还不会写字的时候，父母就让儿童用图画或线条来写作。然后，儿童用口语将故事讲下来，父母帮助儿童用文字记录下来，难道这不是儿童的写作成果吗？这些成果，可能是流水账；但写作，不就是从流水账开始的吗？谁违背了这个规律，谁就无法教会儿童健康地写作。

自由写作的另一个关键，是兴趣，我们下一讲再说。

自由写作就是要多写；熟能生巧，才能达到写作自动化，"我手写我心"。那么，自由写作到底应该写什么？

在这里，我要讲另外一个反直觉的观点：自由写作，本质上不是写作，而是一种生活方式。或者更直接地说，学校里的自由写作课程，也可以视为道德人格课程的一种方式，或重要组成部分。

为什么这样说？

与其相比，作文是用来训练写作的，因而往往是不自然的。强调作文的真情实感，是对作文的误解。作文的真实，更多的是逻辑的真实、叙述的直观，而不是真人真事。但自由写作不同，自由写作不是写作，是对写作的运用——或者说，是运用写作去自觉地生活。就好像你用镰刀去割麦子，你不能说，我今天的任务是用麦子磨砺镰刀。你就是在割麦子，在这个过程中，你对镰刀的运用，也变得纯熟了。再打个比方，你在学校里写作文，就好比在驾校里学驾驶，你并没有一个真实的旅程需求，你只是假装从 A 地到 B 地，目的是练习驾驶技术。但当你开着车去上班、去旅游时，你不能说，我今天是在练习驾驶；虽然你走的路越多，驾驶技术通常越娴熟，但驾驶不是目的，它只是手段。

但大家想想看，如果你总在驾校学习，而不上路，你的驾驶技术，能学好吗？驾校学习是刻意练习，但上路经验、驾驶经验，也非常重要，甚至是更重要的。只有在真实的路况中，你才能够经历大量的潜意识学习，自动化地处理不同的状况，这种实战经验，才是对开车最重要的。

那么对于自由写作来讲，它的运用场景是什么？是全部的生活。

例如：

1. 对发生在自己生活中的有趣或有意义的事情的记录。

2. 对周围事物或事件，以及自我的思考与反思。

3. 对班级或社会中热点事件或有价值的事件的记录和评论。

4. 在阅读或学习中，对所获得的经验的记录与总结。

5. 课程学习中涉及的写作部分，例如综述、论文等。

6. 其他可能用到写作的部分，例如日记、清单、演讲等。

……

显然，自由写作的领域非常宽广，既有私人领域的记录、表达与反思，也有公共生活中的记录、表达、对话与反思。这种写作，本来应该是随时发生的，是生活的一部分。但是，因为写作要消耗认知和时间资源，所以，除非经过训练或保持自觉，否则多数人是不会运用写作这一工具的。正因为如此，学校教育中，才要刻意地将自由写作当成课程，让写作成为一种习惯。

那么，为什么说自由写作是道德人格课程呢？

我们讲到道德或道德教育的时候，本质上是在讲，我们应该如何教儿童学会生活。道德教育最核心的内容，就是学会公共生活，以及学会独处（自我省察）。而这些内容，也差不多等同于全部生活，无非是从道德人格课程的角度讲的时候，强调了主动与自觉而已。

既然是道德人格课程，就意味着写什么，需要有一种引导与自觉。引导是说，教师要将写作，引向有意义的话题；自觉是指，儿童要在不断地写的过程中，敏锐地理解哪些是值得写的。一旦自由写作的话题，是与儿童的生命、生活高相关的，是高价值的（无论这个话题来自教师提供，还是来自儿童自定），就能够极大地激发儿童的写作兴趣，并且对儿童的道德人格发展有非常大的推动。而写作能力，也在反复写的过程中悄然提升了。因为话题与生命、生活的高相关性为写作提供了动机，动机强化了主动性，主动性让儿童在潜意识里会调集大量的能量或注意力来寻找合适的结构与语言。如此一来，写作能力自然而然地得到了发展。

四

自由写作既然如此重要，那么，作为课程的自由写作，应该怎么"教"？

这里的"教"，是打上引号的。毕竟，作文才需要教；自由写作，更需要的不是"教"，而是写，而且是大量地写。当然，并不是一味地排斥"教"，而是说，写得多、教得少，并不是完全不教。

或者说，自由写作的"教"法，本质上是激励，让儿童在有价值的话题上保持持续的写作热情。

从课程的角度来讲，自由写作也有广义和狭义之分。广义的自由写作，是指一切用写作来服务于生活的领域。比如班级要做活动，需要策划方案、海报，以及发新闻稿，这就是活的自由写作。我们通常讲的是狭义的自由写作，即有明确课程设计的自由写作。

这种自由写作，每周1—2篇为宜，根据具体情况可以灵活调整增删，通常有三个步骤。

第一步：确定话题，明确要求。

如果每周都写1—2篇，儿童到底写什么？教师最好给出2—5个话题供儿童选择。儿童当然可以自己拟定话题，不从教师给的话题中选，这就是自由。所谓的自由，并不是说完全不给话题，想写什么就写什么，这样反而不利于自由写作，更不利于引导和讲评。

话题的选择，是极考验教师的。话题通常源于大家共同关心的问题，或者与课程高相关的问题。这需要教师对学生的生活有一种深刻的理解，并且能够敏锐地捕捉话题。当然，事先准备一些任何时候都可以写的话题，在缺乏话题时加入，也是非常好的办法。毕竟，每个阶段儿童的生活大同小异，建立一个话题库，还是很有必要的。话题库的内容，最好与道德人格发展的目标相互呼应。

确立话题的同时，也要提出要求。要求往往很简单，例如：

1. 请从所给话题中任选一个话题来写，也可以自拟话题。

2. 不少于500字。

这看起来很简单。就是要这样简单，不要让儿童有太多的枷锁。

第二步：儿童写作，教师批阅或儿童互阅。

可以在固定的时间写，也可以利用回家时间从容地写。教师批阅是非常重要的，因为自由写作是必须获得反馈的。要把批阅看成是对话而不是评判，仿佛在跟儿童谈心，就共同关心的话题，或者儿童关心的话题，开展一次高质量的对话。有些时候，这些对话是连续进行的。

如果班级人数多、批阅不过来，还有两种策略：一是批阅一部分，但要确保所有儿童的写作都阅读过，并且确保儿童知道这一点。二是设立小组，组内互阅，大家分别留下自己的感想——仍然是以对话为主。

批阅既然是对话，就主要围绕着内容展开，交换观点、表达情感，而不能变成评价或评判。如果这样，就变成作文了。通常而言，不必计较病句错别字之类，甚至不必修改，让儿童大胆地表达，尽量地减少顾虑。

第三步：分享作品，讨论话题。

教师批阅，更多的时候是一对一，非常有限。自由写作的分享讲评是非常重要的，这是一次全班同学共同学习的机会。而在这里的关键是：不要批评！不要批评！不要批评！毕竟，这不是作文讲评。

分享那些优秀的作品，指出打动你的地方，其他儿童就会看到了方向。这就是榜样的力量，是无声的引导。而讨论，更多的是针对主题，呈现不同的观点，鼓励大家对话，或者用更高阶的观点或思维引导，让儿童看到另外的可能性。这本质上已经是道德人格课程。

到了高段，文体建模就变得相对重要了。比如怎样写读后感，怎样写论文，怎样写演讲稿，怎样写文学评论，就要教授儿童必要的模型，目的是让儿童习得这类应用文的写作规范。这样的"教"，才是有必要的"教"。

总之，自由写作的深度，最终是主题的深度、精神的深度、思维的深度。

五

前面讲了，自由写作的目的，是"写作自动化"。这种自动化，似乎是强调一种基础的语感，一种对写作技能的默会。而写作技能带有规范的性质，就是习得人类表达的一些基本规范。而对这种规范的有意识的强化训练，就是作文。中小学作文训练，就是以规范性训练为主，追求的是符合写作规范，或者说"简明、连贯、得体"，而不是什么文艺腔，或美文之类。

但自由写作既是一种公共生活的工具，还是一种自我的表达与反思。后一种情况，就涉及了私人写作。在私人写作中，儿童往往利用了规范但又超越了规范，试图在用写作发出自己的声音。在这种情况下，表达就有可能呈现出某种个人性，甚至呈现出不同的风格。

私人写作，作为自由写作的重要部分，也是需要鼓励的。

在私人写作中，每个儿童关注的话题非常不一样，表达的方式也可能非常不一样。有的儿童对人际关系很敏感，有些儿童则更关注大自然。有的儿童，喜欢运用大白话一样直接的语言；有的儿童，则喜欢使用修辞，利用语言的多义性，传递出一种言外之意。这种私人写作的重要性在于，它是生命的一种宣泄、表现与自我整理，也可以视为一种自我叙事。

儿童不仅仅是在寻找自己的语言，他们本质上也是在寻找自我，在表达自我理解"我是谁"这个重大的话题。老师也可以经由儿童的表达，增强对儿童的理解，包括进行必要的引导。

在私人写作中，往往也充满了痛苦。无论这种痛苦源于家庭，还是同伴，或者只是心灵的敏感。在童书《特别的女生萨哈拉》中，就讲到这样的一个女孩。父母离异，萨哈拉在学校生活中被当成差生接受特别教育。最终，萨哈拉在老师波迪小姐的引导下，通过阅读和写作，尤其是写作，完成了自我救赎，最终成为"所有美好事物的中心"。在这里，我们可以看到私人写作，或者说写作，对于儿童精神生活的重大意义。在心理疾病频发的今天，写作的意义，其实是越来越重要了。

在面对儿童私人写作时，老师更多的时候是导师的角色。甚至只是做一个倾听者、阅读者，往往就非常好。哪怕要分享儿童的作品，老师也要征得儿童的同意。足够的引导、足够的写作，加上漫长的岁月，往往能够成就一份丰盈的赠礼。

所以自由写作是什么？对于一个班级来讲，写作是一种共同生活。我们因为就共同关心的话题在不断地交流而成为一个共同体。对每一个儿童来讲，写作也是一种精神生活或者说心灵生活。儿童在写作中宣泄、在写作中反思、在写作中自我理解，这对于发展来讲，是一件多么重要的事。

在这一讲里，我们重点讲了这几个问题：

1. 什么是自动化写作？
2. 自由写作的关键是什么？
3. 自由写作的内容是什么？
4. 怎么"教"自由写作？
5. 私人写作是什么？

这是关于自由写作最重要的一讲。因为我们在学校里，往往接受的是作文思维，很难理解自由写作思维。自由写作的目标，是培养默会的写作能力，即写作自动化。而要培养这一能力，就需要足够多的写作量。所以自由写作的关键，是数量和兴趣。自由写作是在运用写作，而不是练习写作。自由写作真正的目的是生活，是道德人格课程。因此，自由写作的内容，往往是跟生命、生活以及课程高相关的。

所以，怎么"教"自由写作？又与作文完全不同。关键是激发儿童的写作热情。这需要恰当的反馈，而不能评判或批评。自由写作包括了公共写作与私人写作，私人写作也是自由写作非常重要的方面。在私人写作中，儿童在宣泄、表达与反思；这对儿童自我的形成，有着重要的意义。

怎么激发儿童的写作兴趣?

一

学校训练写作的目的,是达到"写作自动化",即儿童能够根据写作目的和写作对象,恰当地进行书面表达,并保持一定的速度。这种自动化的能力从何而来?来自有限数量的刻意练习,以及大量的写作实践。刻意练习的数量是有限的,因为刻意练习的训练成本很高——关键不是数量,而是写作技能的建模。通常教材中的作文训练,承担着这一功能。而仅仅有刻意练习是不够的,写作技能必须被运用,并且是被大量地运用,技能才能够转化为一种潜在的自动化能力,这就是自由写作。这两者的结合,才是完整的写作课程。

上一讲打过一个比方,一个人要练习开车,他有两种学习方式:一种是在驾校里学习,一种是在道路上行驶。这两种学习方式的区别在哪里?在驾校里学习时,学员并不产生真实的用车需求。教练要求你从 A 地开到 B 地,中间设置若干障碍,你并没有去 B 地(比如购物或上班)的真实需求,你开车从 A 地去 B 地的唯一目的,是练习驾驶技术,并且,是教练指导下的刻意练习。一旦拿到了驾照,你就要上路。这时候,你无论驾车上下班,还是去商场购物,或者自驾游,你的目的,不再是为了练习驾驶技术,而是为了各种具体的目的,或者笼统地说,驾驶是你的生活需要。在你的生活中,驾驶本身不再是目的,而成了工具，成了必需的技能。我们不妨想一想，如果一个人，只是在驾校里学习过，但并不实际上路，他的驾驶技术，一定是令人担心的。假如遇到了不得不开车的情形，出车祸的概率就会非常高。因为他很少上路，对驾驶本身缺乏感觉，没有真正地完成自动化。一旦他上路了，随着驾驶里程的增加，经验会增长。真实的生活赋予他驾驶任务，在这个过程中，驾驶技能就提升了。如果任务足够多且足够复杂，比如经常要长途驾驶，要经受各种路况的挑战，他的驾驶经验，就会极大地丰富起来，成为所谓的老司机。在车辆面前，老司机是自由的。

迁移到写作上，原理类似。教材中的作文训练，就像在驾校学习。通过一个虚拟的话题或场景，训练具体的写作技能，每学期 6—8 次。这些训练是非常必要的。但是，如果只有这些训练，儿童并不"上路"，不在真实环境中运用写作，写作技能怎么可能变成自动化能力？每个学期仅仅进行 6—8 次训练，这只是刻意练习，是必要的不自然的学习方式。每个学期还需要一定数量（至少是作文训练数量的 3 倍）的自由写作，让写作能力得到充分的练习。在学习中，这是举一反三与举三反一两种逻辑的结合。

当然，比喻总是蹩脚的。一个人必须在驾校学习并通过考核拿到驾照，才被允许上路，因为开车的容错率是非常低的。但写作这件事没有什么危险，在刻意练习写作之前，儿童就应该进行大量的自由写作实践，这样，反而有助于学校里精确的作文训练。写作技能的发展，因此是双系统的，两条腿走路。一条腿，是自由写作；一条腿，是作文训练。写作技能的增长，来自"自由写作—作文训练—自由写作"的不断循环，这也是怀特海所讲的"浪漫—精确—综合"原则，或者说"自由—纪律—自由"原则在写作教学中的体现。

也是在这个意义上，我们强调了自由写作的目的不是写作，而是对写作的运用。就像你去自驾游的时候，你不能说我是在学习开车——原理类似。尽管你自驾游的里程越长、道路越复杂，驾驶技术提升得越快，但这并不是自驾游的目的。割麦子就是割麦子，你不能说我这是用麦子在磨镰刀。自由写作的本质，是道德人格课程，或者说，自由写作指向的是生命生活；只是以写作为工具，并在这个过程中，潜在地、自然地发展了写作水平而已。

自由写作既然是举三反一，就意味着要保持一定的数量。天哪！写作对许多儿童来讲，不亚于一场酷刑，怎样才能让儿童喜欢上自由写作呢？这就是必须突破的核心难题。

从底层逻辑上思考，激发自由写作兴趣，有三个方面的因素：

1. 必须创造一个目的，让写作拥有动机；
2. 必须提供真实且高水平的反馈，让写作获得回应；
3. 必须构筑一种高品质的社交场景，让写作变得可持续。

有人喜欢开车，就像有人喜欢写作一样。但大部分人，不是因为喜欢开车，而是因为想看到更远更美的风景，或者让生活变得更便捷，这才在没有人用枪指着的情况下，主动地、经常地开车。

我们打个比方，一个很讨厌写作的男生，喜欢上了一个女生，就打算写情书表白。这时候，他的写作动机强不强？写作态度认真不认真？很可能还要上网搜索，看情书怎么写，进行相关的研究性学习，"不待扬鞭自奋蹄"。如果好朋友中有擅长写作的，肯定还会主动请教，让帮忙看一下哪里写得不合适。这个讨厌写作的男生，写作动机从何而来？

在这里，我们就涉及了动机最本质的源泉，与生存，或者说生命生活本身的关联性。在学校学习不认真，毕业后做滴滴司机、外卖骑手，为什么那么拼？生存本能。男生为什么在追女生这件事上耗费大量的精力？求偶本能。人们为什么热衷于八卦？好奇本能……

相反，儿童为什么对我们提出来的问题，以及布置的作业不感兴趣？因为那是我们的需要，是老师的需要、家长的需要，而没有转化为他的需要。怎样让写作变成儿童的内在需要？这是激发写作动机的第一个重点。

这就引出了最重要的一个结论：自由写作，设置好的话题，是关键。

有人会问，这不是把自由写作变成命题作文、材料作文或话题作文了吗？给了命题、材料或话题，那自由体现在哪里？

自由写作，并不是想写什么就写什么，那是日记、是随笔。自由写作，是指围绕着自己关心或者大家共同关心的话题，自由地创作或发表看法。自由写作也包含了私人写作，但作为学校的自由写作课程，更多的是一种公共生活中的自由表达。所以，自由写作，是要给儿童提供话题的（当然儿童也可以自由决定是不是从给定的话题中选择）。如果没有话题，儿童往往很茫然，也不利于自由写作的反馈。

所以，好的话题设计，有几个特征：

1. 与儿童的生命生活高相关，容易激发他们的兴趣；
2. 话题本身是高价值的，指向生命生活中的大主题。

比如说搞笑的话题，儿童可能感兴趣，但价值不大。小学中段，话题还可以更多地与想象相关；高段及以后，话题与课程、与生命生活中的大主题的相关性，就变得非常重要了。

某位名师上过一节作文课，里面有一个亲情测试。他让学生把自己最爱的五个人逐个画掉，让学生通过想象，去理解失去亲人时的种种情感体验。这个作文设计的价值，就是让作文话题，与学生的生命生活高相关，触及他们存在中最重要的情感。这就是话题设计的秘密。但是这个设计也是有明显缺陷的，引发的伦理问题是一个方面；更重要的，这种设计不包含真正的思考与审辨，而是一种对情感的利用，最终变成了煽情。这种情感转化成的作品，是缺乏理智介入的，这是最深层面的伦理问题，是一种操纵。或者说，这是一种变相的感恩教育，现在大部分的感恩教育，早已经异化变质了。感恩是一种自然而然的情感，教育别人感恩，是利用情感让人降低智商的手段。

好的话题设计，往往要同时关注到情感与理智。设计者要问自己：

1. 这个话题所涉及的主题，与儿童生命生活中的重要事件或主题，关联度高吗？

2. 怎样的话题设计或表述，能够将儿童代入其中，让真正的情感和思考发生？

比如儿童与父母，经常会就手机管理的问题发生冲突。这对儿童来讲，是一个真实的问题。在这种冲突中，儿童往往非常顽强地对抗父母，父母也非常生气地打压儿童。这是一个彼此不能理解、结果陷入权利之争的常见场景。怎么解决这个问题，就是儿童和父母面临的真实问题，是学校管理面对的挑战，也是道德人格课程的重要课题。显然，这是一个真实生活中的真实问题，就可以做成自由写作的话题，极具意义。关于这个话题，儿童是想要表达的。如果儿童不想表达，那只是因为儿童觉得表达没用，或者老师只是想要教育自己远离手机，这就是老师本身的问题了。

老师要意识到，这个话题涉及一系列比较好的主题：

1. 如何看待电子产品？它与儿童的当下以及未来，是怎样的关系？

2. 怎样运用电子产品？

3. 在电子产品的使用方面，儿童和父母各自的权利边界是什么？

4. 儿童应该如何正确地和父母协商，解决电子产品的使用问题？

很显然，这样思考问题对老师要求很高。必须对电子产品的使用、学生的自我管理、亲子沟通等话题有比较高位的理解，并能够给出具体的策略，才能够真正地解决这个问题。这需要老师也要进行研究性学习，去理解这个问题，才能给学生以指导。当我们有能力给学生以引导时，学生才愿意表达。假如考虑的只是怎么说服学生不要玩手机，这就只是简单的控制。在这种情况下，学生哪有表达欲望？真正的沟通就不可能，写作也变得没有意义了，变成了一种服从性测试。毕竟，自由写作的关键不是写作，而是以写作为工具，进行创造性的表达，或者对共同关注的话题展开思考。

一旦老师端正了心态，话题设计，就是向儿童传递一种价值观。即老师会充分尊重学生的表达，不预设一种标准答案，写作就成为一个用文字对话和思考的过程。

例如可以这样设计话题：

手机已经成了许多成人，包括同学生命中的一部分，甚至不乏手机成瘾者。因为手机问题，许多家庭都爆发过长期的或严重的冲突。在冲突中，往往父母并不理解孩子，做法简单粗暴；孩子不理解父母，一味情绪化而缺乏理性思考和良好沟通。因为手机问题爆发的冲突，不是一个简单的是非对错的问题，而是一个父母和孩子寻求共识以及学会沟通的过程，是一次双方成长的机会。

无论你有没有使用过手机，有没有和父母因为手机问题发生过激烈的冲突，请你围绕这个话题，真实和真诚地讲述你的故事，或表达你的看法。你的故事或看法，也可能影响到老师、同学或父母，推动彼此更成熟地处理类似的冲突。

请你从下列任务中，任选一个来完成，题目自拟，不少于 600 字。

1. 你认为，儿童应该使用手机吗？假如应该使用，边界在哪儿？需要确立怎样的游戏规则，才能确保手机被正确地使用？

2. 在因为手机引发的冲突中，你认为，父母犯的最大错误是什么？假如让你给父母提三条建议，会是哪三条？为什么是这三条？

3. 在手机管理问题上，父母可能会很焦虑，也会犯很多错误。在这种情况下，除了对抗，你觉得要怎么应对父母的诘难？怎样跟父母沟通，才能更好地解决问题，而不是加剧冲突？

4. 很可能你觉得过度使用手机也不对，但是自己控制不了，父母批评你，你又非常地焦虑暴躁。你觉得，你需要父母怎样的帮助，才能够完成对手机的自我管理？

5. 你跟父母关于手机问题有过严重的冲突吗？如果有过，能不能写成一个故事？尽可能写得真切、生动，也可以有少量的虚构。

在这个话题设计中，包含了真实的思考。而且，在自由写作的讲评中，儿童的观点一旦被呈现，并且被认真对待，哪怕没有得到同意，老师也采用的是说理的方式。如此一来，儿童就能感受到自己的写作是有价值的，在以后的写作中，就会越来越愿意发表意见，自由写作的动机就逐渐增强了。

前面讲了，在自由写作中，话题设计很重要。同时，也已经讲到了反馈的重要性。没有反馈，自由写作就无法形成闭环。自由写作是在运用写作来就生命生活中的真实问题进行交流，而且交流经常是连续不断地进行的。显然，要持续地增强这种交流回路、让儿童有持续交流的兴趣，教师的反馈就特别重要。

在自由写作方面，反馈的底层逻辑是什么？

1. 人格上肯定儿童。
2. 写作上帮助儿童。

儿童写作，一定会很期待获取反馈，尤其是老师的反馈。如果没有反馈，儿童就成了自说自话、没有读者，写作的动机就会下降，写作本身就会沦为作业。如果提供了反馈，儿童通常会在两个层面上接受反馈。一个层面是：老师喜欢我吗？欣赏我吗？他怎么看我？他认真读了我的作品吗？一个层面是：老师理解我在表达什么意思吗？哪些地方讲得好？哪些地方需要调整？会给出具体的意见吗？

在《特别的女生萨哈拉》中，萨哈拉是一个接受特别教育的女生，用我们今天的话来讲，就是"学困生"。她遇到一位被叫作波迪小姐的老师，这位老师教学生读和写，要求大家都写日记。这是其中的两个片段。

片段一：

下课铃声响了，我的日记本上一片空白，一个字也没有。

"把你们的日记本传上来！"

波迪小姐指挥着。孩子们开始转过头收后面同学的本子，再把自己的也放上，交给前面的同学往前传。我觉得全身僵硬，拿起笔，只写了四个字：我是作家。

于是我的本子也跟着一堆七歪八扭的日记本一起传到了波迪小姐手里。我的脸又红又热，我觉得自己像个大傻瓜，波迪小姐看到我的日记本上的字的时候肯定也是这么觉得的。

她按照她说的，在日记本上做了评语。

我相信！

片段二：

在我已经四天没有在日记本上写一个字之后，波迪小姐用红笔写道：作家需要写作！

为什么她就不能像其他老师那样，在本子上写："做作业！"或者把我和德里一起叫到走廊里进行特别教育，或者跟校长一起把我妈妈叫来，然后让我留级？她没有这么做，她只写："作家需要写作！"就好像她说的是："你不写作了？那你就成不了作家了！"

也许她不是这个意思，也许她只是很直白地写出一个老师的意见而已，就像她有时写给我的：

"如果你听到别人说了一个你觉得很美、很漂亮的词，那就把它记下来，然后这个词就成了你的了！"

她不知道，我已经这样做了。

"别匆忙地给一个故事一个无聊的结尾。'我醒来后发现这只是个梦'，这是个非常非常糟糕的把戏！"

……

"别轻易地把你写的人物杀死，让他们一直一直活下去，就像在真实世界中一样！"

还有一些她写给我的话我读不懂，比如：

"孩子和自然；孩子和孩子；孩子和他们自己。"

"让他们开始打架！"

……

有时候一些词根本没有意义，比如"好的，漂亮的，丑陋的，美的，坏的！"

……

"知道怎么分辨哪些是主要人物吗？不是你非常喜欢的那个，而是总在变化的那个。"

写日记的时候，我总是会盯着她写给我的那些话，就像我脑子里有一个勤劳的搬运工，而她的话就是一块一块石头。我的搬运工搬啊搬，几乎把这些石头都搬进我的脑子里了。但是有一句话我搬不进去。"作家需要写作！"这不是一块石头，这是一座山。我根本搬不动。我知道如果我按照波迪小姐说的去写好每一篇日记，我肯定会得到比露兹多得多的贴纸。但是我不能，我不能为了那些贴纸犯错误，我可以在商店里买到任何我想要的贴纸。

我知道我是"吃不着葡萄就说葡萄酸"，就像埃尼手里的那本书上讲的。但是没办法，那个狐狸那么聪明不也犯了这种错误吗？

萨哈拉一直接受特别教育，所以有很强的防御心理。而波迪小姐，是那个让她一点一点地卸下铠甲的老师。当萨哈拉说"我是作家"时，她无意识地流露出了自己的梦想。但她很快就后悔了，因为这样显得自己很傻。波迪小姐要怎样回复？她可以回复说："你想当个作家？还是先把功课学好再说，人不能好高骛远！"但波迪小姐只写了三个字："我相信。"

之后，萨哈拉连续四天没有写日记。老师直到第四天，才写了一句话："作家需要写作。"为什么不在第二天，就直接写道："你不是说你是作家吗，怎么连日记都不写啊？"在这里，我们可以看到一位杰出的老师，对儿童的一种深刻的理解与接纳。一个老师，不能只讲是非，更要理解人性；并且，将是非对错，建立在对人的接纳的基础上。"作家需要写作"是友善的提醒，这个提醒，仍然以相信"我是作家"作为前提的。更多的时候，反馈是非常具体的；而且，也确实被接受了。

上面讲到反馈的两条原则，很容易产生误解，即认为要把对人的表扬和对写作技能的指导结合起来。实际上，这样的理解是错误的。

在大多数时候，表扬和批评，都不应该出现。因为表扬和批评，往往包含了控制，显示了关系中的不平等。而且，会转移学生的视线。比如说你表扬儿童说"你写得真好"时，如果儿童写得并没有那么好，儿童就有可能会不舒服，觉得在你的心目中，他的写作很差劲，所以，这样的作品，也被定义为"真好"。如果儿童写得确实很好，儿童当然很高兴。但儿童也会很担心：下一次，我会不会写好？会不会让老师失望？这样，写作就有了负担。

最好的做法，是不要评判儿童，而是就作品本身进行交流。比如：

"这一段很有意思，让我想起了……"

"这一段我不太同意，我的想法是……"

"这一段我觉得还可以换个角度思考……"

在《特别的女生萨哈拉》中，对于怎样写好日记，波迪小姐有一些具体的指导，画龙点睛，对萨哈拉也非常有帮助。但实际上，在自由写作中，这样的指导，并不是反馈的本质。反馈的本质，是就写作主题或内容本身，进行持续的交流。尤其在小学中段，要鼓励儿童多写、写多；技法的指导，没有那么重要。

这种交流，本质上是师生之间借助文字，就共同关心的话题展开讨论。这种交流，也可以称之为"师生共写"——不妨比喻为师生之间的情书。当两个人情书往来时，谁会在乎对方的语言是否符合语法、有没有病句呢？一旦把注意力的焦点放在这些问题上面，关系就被破坏了。

这并不是说，在自由写作中，一定不能有技法指导；而是说，要分清楚有无必要，以及分寸感。假如到了高段和初中，涉及不同文体的写作，就需要有一个建模过程。这时候，技法指导反而显得很重要。在后面的课程中，我们会大量地讲到这种建模。

四

除了话题设计和反馈外，要激发儿童的写作兴趣，还要考虑到社交场景的搭建问题。就是说，儿童的写作，不是只发生在师生之间，也发生在生生之间，发生在一个由许多儿童组成的社交场景中。这种社交场景，对儿童的写作兴趣，有着至关重要的影响。如果这个社交场景是支持写作的、是相互激发的，儿童就有强烈的写作兴趣。如果这个社交场景是不支持写作的，把写作看成是不得不完成的作业，或者教师控制儿童的手段，那么，儿童哪怕热爱写作，也会掩盖起热爱的意图。有哪个儿童，会不在乎同伴怎么看自己呢？

社交场景的搭建，也有几点非常关键。

1. 创造一个有价值的任务，把儿童凝聚起来。
2. 让榜样涌现，同时避免榜样变成诅咒。
3. 促进儿童之间有组织和自组织的交流。

创建有价值的任务，前面已经讲到了。当话题与全班儿童息息相关，比如针对大家共同关心的话题，比如针对大家都在穿越的课程，比如针对班级发生的热点事件等，自由写作自然而然地具有了社交属性。

当反馈有一部分是集体进行的，比如在班上公开朗读部分同学的作品，并进行必要的讨论时，自由写作也就具有了社交属性。在这个过程中，就会有榜样涌现出来。榜样的作品被大家看到，就有可能产生激励价值。仅仅让儿童写好作品是不够的，儿童必须看到，好作品是什么样子的。当然，榜样也可能变成诅咒，尤其是总是某几个儿童成为榜样，其他儿童就有可能反而丧失了信心。解决之道有两个：一是让更多的儿童被看见，而不要只呈现少数人的作品，分享的作品要保持一定的数量，让每个儿童都有机会被看见；二是教师在分享时，不要关注是谁写的、写得好不好，而应把焦点放在写作内容上，放在作品本身上，以减轻人与人之间的比较带来的社交压力和社交诅咒。

最后，还要努力地促进儿童之间有组织和自组织的交流。尤其在班额较大的情况下，要鼓励儿童之间相互阅读和反馈，并且为阅读和反馈制定规则，以确保效率与文化。比如将儿童分为若干小组，每组 4—6 人不等，鼓励接龙写作，或互相阅读和评论。儿童通过阅读和评论其他人的作品，也能够得到比较快的提升。小组可以轮流推荐代表，参加班级层面的分享交流。写作内容不同，小组的组织形式也会有一些变化。有一些内容，也可以鼓励儿童之间自组织、分工协作，形成写作成果。

强调社交场景的搭建，本质上就是强调共同生活。共读，是共同生活；共写，也是共同生活。好的共同生活，本身就有极强的教育价值。

五

小结一下。

激发自由写作的兴趣，有三个方面的因素：

1. 必须去创造一个目的，让写作拥有动机；
2. 必须提供真实且高水平的反馈，让写作获得回应；
3. 必须构筑一种高品质的社交场景，让写作变得可持续。

一旦儿童开始丧失自由写作的兴趣，教师就要不断地追问自己：

1. 我选择的话题，有价值吗？儿童感兴趣吗？
2. 我的反馈恰当吗？是否表达了对儿童的信任与友好？是否让儿童获得了启发与思考？
3. 我是否在班级里营造了关心话题、积极写作的氛围？我是否通过集体反馈，提升了儿童的理解力、表达力和兴趣？我是否有效地将儿童组织起来，或促进了儿童之间的自组织、让写作成为自觉自愿的事？

这不是一蹴而就的。但是，拥有这样的思考框架是非常重要的，可以帮助我们找到问题，不断地迭代自由写作课程，持续地维护儿童的写作热情。

自由写作如何设计话题?

怎样激发儿童自由写作的兴趣? 其中一个核心,是话题设计。自由写作就仿佛师生之间,以及儿童之间不断地就一些话题用文字展开讨论。毫无疑问,要确保写作兴趣,就必须确保不断地设计出好的话题。

那么,一个好的话题,具备哪些特征呢?

好的话题,必须满足两个条件:一是提供价值,二是激发动机。如果话题没有价值,哪怕能激发动机,也没有意义,比如许多学生热衷于写的搞笑文,以及无营养的玄幻之类的写作。价值当然分好多种。触及儿童生命生活中的大主题(比如亲情、友谊、热爱、正义、自我、生命意义等)的有意义的话题,这是一种价值。天马行空的想象力,是一种价值。能够提供健康的有格调的娱乐,也是一种价值,比如反讽或幽默的文字。如果话题不能激发动机,也没有意义。所谓的激发动机,就是话题具有吸引力,能激发写作欲望,儿童想写、愿意写,甚至迫不及待地要写。要做到这一点,最核心的,就是话题要与儿童的生命生活高度关联。换句话讲,要有比较好的情境设计或问题设计。而比较好的设计中,往往包含了冲突,有助于激发想象或思考。再更直接地讲,好的话题设计,是将主题具象化。

举个例子。假如你问一个儿童:你觉得功利主义与原则主义,哪一个更应该作为道德的根本原则? 这个话题是有价值的,但是非常抽象,儿童也不会感兴趣，也有点难。但是，如果你把这个问题变成下面的问题，就不一样了：

> 十个孩子在铁道上玩耍，扳道工过来，警告并驱赶了这些孩子，说一会儿有火车经过，很危险。等扳道工再返回时，有一个孩子听从警告，到旁边备用道路上玩耍；另外九个孩子，又重新跑到铁道上玩耍。这时候警告并驱赶已经来不及了，因为火车正急速地驶过来。扳道工有两个选择，一是听任火车压死九个孩子，二是让火车变道到备用道路上，压死那个听话的孩子。你认为扳道工应该怎么做？写一篇文章，说说你的观点并给出理由。

这就是著名的电车难题。这样就把一个抽象的哲学或伦理学命题具象化了，儿童的智力就被激活了、兴趣就有了。

不同性质的内容，话题应该如何设计呢？

天马行空的想象，或者说创意写作（当然创意写作是个非常宽泛的概念，几乎包含了大部分叙事类写作），适合任何年龄阶段的儿童——但是，特别适合小学阶段，尤其是小学中段。也可以说，是小学中段最重要的自由写作形式。在高段或中学，也是非常重要的补充形式。

这类自由写作，有三个重要目的：

1. 拓展儿童的想象；
2. 发展儿童的叙事能力；
3. 通过大量写作，刺激儿童对语言的自动化运用能力。

　　把想象与叙事能力结合起来，实际上也是在强调想象本身的纪律性；或者说，强调了想象必须以思维为基础，不能像断了线的风筝，胡想、瞎想、没有逻辑地延伸。这类话题的设置，可以非常地自由。例如：

　　失落的宝藏： 你在古老的森林中意外发现了一张古地图，指向一处传说中的失落的宝藏。请描述你和好友们克服困难最终找到宝藏的过程。

　　未来的科技乐园： 假设你突然拥有了一台能让你穿越到未来的机器，请描绘你造访的未来科技乐园的奇妙场景和你所见的令人眼花缭乱的科技创新。

　　神奇的画笔冒险： 你得到了一支有神奇力量的画笔，每次画下的东西都会变成真实的物品。请描述你用这支神奇的画笔进行的一次冒险，包括遇到的挑战和你的解决办法。

　　动物乐园之旅： 请你参加了一次与动物乐园相关的学校活动，被选为动物乐园的特别助手。请描述你和动物们互动的有趣经历和在动物乐园度过的一天。

　　时间旅行的意外： 你无意中穿越时空，来到了过去或未来的一个陌生地方。请描述你对这个新世界的探索和在其中遇到的人和事件。

　　失落的魔法书： 你在老奶奶的阁楼上找到了一本古老神秘的魔法书。请描述你打开书后发生的人物变化和身临其境的奇幻冒险。

　　时间停止器的秘密： 你意外发现一枚可以暂停时间的神奇项链。请描述你利用时间停止器带来的趣味和有趣的事情，和最终你意识到的责任与后果。

　　勇闯魔法森林： 你和家人、朋友一起去魔法森林探险。在深入森林的过程中，你们遇到了许多神秘生物和难题。请描述你们合作解决问题并安全返回的冒险之旅。

　　……

　　（以上题目，由 ChatGPT 自动生成）

这些题目，目的是写多写长、写得有趣写得生动。在开始阶段，这样写是有好处的。随着时间的推移，可以不断地提高要求。比如在四、五年级共读《西游记》时，就可以设置类似的题目：

> 白骨精是一个非常可怕且厉害的妖怪。请你想象一下，白骨精是怎么来的？在成为妖怪之前，她经历了怎样的命运？请写一篇生动的故事，讲一讲白骨精成为妖怪之前的人生。
>
> 要求：
>
> 1. 故事中白骨精的人生经历，要与《西游记》中白骨精的行为之间有一定的内在关联。
>
> 2. 故事最好有一个主题，即通过白骨精的故事，你想要批判什么或者表达什么。
>
> 3. 故事的生动，来源于情节的设置，可以参照老师讲过的故事逻辑来设计故事。

这个题目，要求就提升了。白骨精为什么想要吃唐僧肉？白骨精为什么会有这三次变化？这些变化的灵感，源于她怎样的人生经历？《西游记》中的白骨精，为白骨精的故事提供了依托，也提供了限制。这样，就能够得到一定的思维训练。同时，这个题目，也对叙事提出了一定的要求。

题目也可以与现实相结合：

当我是家长：假设你临时成为自己的父母，描述你将如何照顾自己和照顾家庭的有趣经历和挑战。

儿童使用手册：写一篇《儿童使用手册》，阅读的对象可以选择父母或老师，告诉他们应该如何合理地对待儿童。

我的特别老师：描绘一位现实中并不存在、但你特别渴望的老师，写一写他会如何对待你，以及他如何开展教学。

这仍然是一类想象。内容与儿童生活高相关，容易反映出他们内在的愿望、对成人的期待等，也特别有价值。

此外，题目也可以和教材或课程高相关。前面关于《西游记》的，就是与课程相关。也可以对有些教材主题或内容做一些有价值的延伸。比如可以要求学生把《精卫填海》拓展成一个故事，并允许增加一个或几个角色。这个故事要求回答以下问题：

1. 精卫为什么去东海游玩？

2. 精卫在东海遭遇了什么？

3. 精卫是怎样填海的？

4. 精卫填海的结果是什么？

二

校园或班级事件，以及社会热点事件，都可能成为自由写作的好材料。这些写作的目的，往大了说，是为了教儿童"学会生活"；往小了说，是为了帮助儿童理解典型冲突和典型事件，提升思考和判断能力。

比如有一段时间，关于外卖骑手有几个新闻热点，如果以初中生作为对象，就可以这样设计自由写作的主题：

阅读三篇文章：《外卖骑手，困在系统里》《2022 年冬，我在临沂城送外卖》《算法会害死人？高校老师太无知了》（《女大学生外卖骑手的 42 条生存指南》选读或浏览，仅供了解外卖骑手生活用）。从下列题目中，任选一道完成自由写作，不少于 800 字。

一、你觉得，导致外卖骑手被困在系统里的原因是什么？（也可以提出解决之道）

提示：

1.可以从平台、骑手、监管部门、顾客、商家、现代工作体制等要素中任何一个或几个要素出发去分析。

2.可以参考运用金字塔原理来架构观点和展开论述。（后同）

二、假如你是外卖骑手，你觉得自己有哪些选择？你会如何选择？为什么？

三、写一篇以外卖骑手为主角的小说。

提示：

1.可以用第一人称或第三人称。

2.可以通过一件事，也可以通过多件事来写。

3.尽量运用冲突技巧，并综合运用多种表达方式。

四、你觉得，仅仅是外卖骑手和网约车司机被困在系统里吗？还有哪些人被困在系统里？请详细说明这些人或这类人，是如何被困在系统里的。

提示：

1.可能被困在系统里的人很多，例如教师、学生、工人……乃至于现代人。

2.借鉴《外卖骑手，困在系统里》中的分析，试着分析一下这些人是如何被困在系统里的，有什么样的出路。

五、《2022年冬，我在临沂城送外卖》，讲到了知识分子与底层的隔膜问题，你怎么看这样的阶层分化与隔膜？

　　六、比较一下《2022 年冬，我在临沂城送外卖》和《算法会害死人？高校老师太无知了》两篇文章，你赞同谁的观点？或者，你的观点是什么？

关于外卖骑手这个话题，是没有标准答案的，言之成理即可。但是，教师可以把思考引向深入，并在这个过程中，逐渐教会学生思维以及写作方法。

写作方法，主要教"冲突及其解决"（故事类），以及金字塔原理（说理类）。

对材料进行审辨，要思考一组问题：

1. 作者的观点是什么？他的论证是否严密？证据是否可靠？他是否有意忽略了对自己观点不利的证据？

2. 作者的身份或立场是什么？对他的观点，产生了怎样的影响？

3. 案例涉及了哪些角色或方面？他们之间的关系是什么？这对他们思考问题产生了怎样的影响？

4. 在权衡不同角色的思考与判断时，有哪些适用的核心原则？

5. 基于这些核心原则，如何理解各方的动机与观点？如何理解其合理性与局限？

6. 基于核心原则（含价值观），从我的角度来看，最佳的理解和判断可能是什么？

在这件事中，涉及几个角色：

1. 平台（外卖规则制定者）

2. 骑手（执行者）

3. 顾客（被服务者）

4. 政府（监管者，市场游戏规则制定者）

每一方都有双重性。

平台借助算法，追求利益最大化，导致了对骑手的最大限度利用，产生了一些问题（比如安全、超负荷工作等）。但是，平台创造了就业机会，贡献了税收，让顾客得到了尽可能好的服务。

骑手频繁犯规（包括闯红灯等），导致各种隐患。但是，骑手确保了顾客享受到便利，也创造了收入，支撑起自己的生活乃至于整个家庭。

顾客对快的要求，加剧了骑手的压力。但顾客对快的要求，又支撑了就业、贡献了消费。

政府管得过多、过宽，会妨碍企业发展。但政府必要的监管，又会促进企业的健康发展，保障平台、骑手以及顾客的利益，尤其是弱势群体的利益，有助于促成公平。

糟糕的思维方式，是将问题道德化，导致伤害企业（平台）。

正确的思维方式，是用经济学、政治学思维，确保各方共赢。

《外卖骑手，困在系统里》的优势，是大量地调研、更多地描述这一领域的现象。或者说，试图还原这一领域的现状以及困境，以引起全社会对这个问题的思考，而不是批判。这是优秀作品的特点：更多的是提出问题，而不是指责，或者给一个简单的答案。

《2022年冬，我在临沂城送外卖》的优势，是从个体的角度，从有限的视角和高校教师的立场，描述自己的体验。在描述自己的体验的过程中，融入自己的思考。而且，在价值观上，包含了对外卖骑手这一群体的关怀、同情。问题在于，没有从更大的尺度去思考问题，导致了不能全面理解，也给不出好的解决方案。

《女大学生外卖骑手的42条生存法则》则充满了外卖骑手的智慧，即如何在被设定的系统里尽可能地安全和提升收益。但限于角色和能力，对系统本身，缺乏反思。

《算法会害死人？高校老师太无知》的优势，是作者的经济学背景，作者对这一现象从经济学的角度，做出了非常有价值的分析。存在的问题是经济学是最重要的视角，但不是唯一的视角，要进行协调平衡。

我提供一个分析（也仅仅是无数个分析中的一种）。

1. 美团、滴滴这些平台的涌现，是社会的进步（想想以前打车的情形）。怎么判断进步？提升了效率、方便了所有人，而且，创造了大量的就业机会。这是主流。

2. 对平台的态度，主要是规范。用规范的方式来扶持，而不是打击、限制或放任。

3. 对外卖骑手，主要是规范和保护。比如外卖骑手闯红灯之类的问题，要规范；外卖骑手保险的问题，要规定；外卖骑手的各种权益，要保护。

4. 对于政府或监管部门，要避免权力过大、管得太多，干扰市场。把监管部门的监管，限制在一定的范围内。就是管该管的，不应该管的，交给市场去解决。清楚哪些该管，哪些不该管，这是智慧所在。否则，会伤害市场经济，以及滋生腐败。

这些冲突的背后，本质上是效率与公平的关系问题。算法确保了效率、服务了顾客，但是，算法加剧了外卖骑手的风险。一味地用算法提升效率，会导致外卖骑手得不到应有的保护，这是监管应该干预的。

但是，怎么干预？

要求平台给外卖骑手涨工资、交五险一金，并且延长送外卖的时间以便骑手不用那么赶，会导致许多问题。核心是成本飞升。这些成本，会转嫁到顾客身上。这会导致顾客的大量减少，从而引发大量骑手的失业。善良的初衷，不一定有美好的结果。（最低工资悖论）

监管要解决的，是依据劳动法，划分清楚骑手的身份（与平台是雇佣关系还是合作关系，或者归属一些小公司）确保骑手最低限度的安全保障。这可能在一定程度上会提升整体成本，从而导致效率下降，但这是必要的代价；问题只在于这个代价到底有多大。

从平台的角度讲，可以改进的地方也很多。比如恶劣天气，就可以调高配送费用（如同滴滴打车），而不是强行要求外卖骑手必须上班。对平台的许多监督，也可以由媒体来进行，通过理性的舆论来影响平台行为。

上面举了两个例子，一个是创意写作，一个是问题审辨，都是具体的设计案例。话题的设计，需要把顶层设计与来自课程和生活的鲜活材料结合起来。顶层设计，是指主题或问题的设计。比如在某个年龄段，常见主题或问题是什么。

思考具体年龄段常见的主题或问题，通常要考虑如下因素：

1. 特定年级语文教材、道德与法治教材（如果是初中，还涉及历史等学科）常见的主题是什么？

比如语文教材，要重点考虑人文主题。举个例子，七上二单元人文主题与亲情相关，这是一个从小学到初中不断出现的主题。那么，自由写作的话题设计，就可以与亲情高相关。同样的，七年级的《道德与法治》也涉及与父母的关系这一主题，就可以联系起来，在自由写作中涉及一组问题：亲情的本质是什么？亲子之间的边界在哪儿？在什么情况下，我们应该尊重父母的意见？在什么情况下，我们应该坚持自己的选择？怎样理解和处理亲子之间的冲突？

事实上，这些问题都是非常现实，且是儿童迫切需要知道的。这样的自由写作与讲评，就拥有了深度，拥有了塑造儿童心智的力量。

2. 特定年级相关课程常见的主题是什么？

假如一间教室同时在做整本书共读，或者童话剧，这些就构成了一间教室的课程事件。主题，就可以围绕着这些课程事件展开。围绕着整本书和童话剧的自由写作，可以是连续的，通过多篇的自由写作，来完成核心理解。

3. 特定年龄生命中的特定主题。

这些主题，通常是比较稳定的。比如安全感、友谊、生命意义、恋爱……每一个主题都有自己最适合的生命周期。有些主题在不同年龄阶段是反复出现的，理解也是螺旋式上升的。小学中段与高段讨论友谊话题，就不是一个层级。小学中段可能更关心的，是友谊中的情感因素，要学会怎么交朋友。小学高段开始理性地思考：到底为什么要交朋友？朋友意味着什么？到了初中阶段，则会更深入地探讨朋友与自我之间的关系，涉及人际关系的本质。

有了这些设定后，就可以围绕着设定来选材、进行设计。选材时，材料越鲜活越好。比如班级发生的事件，或合适的社会热点事件，都是非常好的材料。有一些突发的事件，非常有价值，可能并不在设定之内，也可以及时选取。这些生成性的主题和材料，价值也不能低估。

小结一下，小学和初中自由写作话题的设计，往往跟下列内容有关：

1. 天马行空的想象；

2. 校园或班级事件；

3. 生命或生活中重要且稳定的主题（例如友谊等）；

4. 与课程及整本书共读紧密相关的话题设计；

5. 由教材延伸出来的材料（往往与人文主题相关）；

6. 社会热点事件（适合高年级及以上）。

作为老师，最好对一个学期、一年，甚至更长时间的自由写作，有一个整体的规划，或列入课程计划中。然后，再在教学中根据现场的情况灵活调整。这样的好处，是自由写作的话题，能最大限度成为道德人格教育的力量。同时，儿童也有更强的写作动机，间接地也提升了写作技能。

四

这样一清理，大家很容易看出来话题设计真正的困难。

困难不在于创意，而在于对主题或问题的精准捕捉。更困难的，是教师自身对这些主题或问题的理解。比如社会热点问题，要让进入青春期的儿童进行思辨，老师必须先有一定深度的理解，这就对老师提出了挑战。

怎么突破这个难点？

一是阅读，二是研究与审辨。

阅读，是对生命生活中常见主题及分析的阅读。比较难读的，例如哲学类的《大问题》；比较容易读的，例如《政治学通识 30 讲》之类；还有专门的案例分析，如之前提到过的《哈佛公开课：公正，该如何做是好》。

研究与审辨，是借助高手的直接分析，来理解相关主题。比如要理解关于亲情这个主题，就可以去看弗洛姆《爱的艺术》，尤其是其中关于"父母对子女的爱"以及"母爱"两个部分，反复阅读，就有助于把这个主题讲清楚。再比如要理解外卖骑手这样的社会热点，就要找最好的时评专家，看他们是怎么讨论这个问题的。多看看高手对热点事件的分析，就能够不被情绪带节奏，逐渐地理解事件背后的原则。最终，再依赖于自己的理解，给儿童以正确的引导。

同时，多看一些好的话题设计，也逐渐可以掌握话题设计的套路，知道怎样的话题设计，能够既全面又重点地暗指主题，同时又能激发儿童的写作动机。

很显然，这个过程，本身就是极好的教师专业发展过程。而话题设计作为一种专业练习，也不是一蹴而就的；需要不断地积累经验，直到抵达自由之境。

祝福大家。

自由写作如何有效反馈？

自由写作在本质上，是一种交际语境写作。自由写作首先不是练习写作，而是在真实的语境中，运用写作这一工具，与他人进行交流或分享。比如生活中发生了一些事情，我有感触、有思考，可能想把这件事描述给别人，或者想表达对这件事的看法。这时候，必然希望得到对方的回应。如果没有读者，没有回应，写作的意义就大打折扣。哪怕是私人写作，也是希望将来有人能看；或者说，这是自己与自己的对话。写作能不能持续地保持热情？写作能不能持续地提升品质？在很大程度上也是由对话者决定的。对话者的热情与深度，对写作的动机与品质有着深刻的影响。

对学校里的自由写作来讲，对话者是谁？显然，或者是老师，或者是同伴。老师与同伴是否参与对话，或者是否以对话的姿态进行反馈，将决定儿童自由写作的兴趣与质量。而在这种对话中，老师毫无疑问是主导者，在把握着节奏与进程。

那么，自由写作中应如何有效反馈呢？

一

自由写作既然是一种交际语境写作，那么，写作者（儿童）与阅读者（教师，有时也包括同伴）的交流，应围绕着什么来进行？

显然，主要是围绕着写作者想要表达的内容来进行。如果是记叙类文体，交流的内容可能包括：

1. 看完这件或这些事，我的感受是什么？
2. 对于这件或这些事，我的认识是什么？
3. 关于这件或这些事，我想对作者说些什么？

假如我是梁晓声的语文老师，他提交了一篇自由写作，题目叫《慈母情深》。文章讲他家里很贫穷，母亲在一个加工棉胶鞋帮的街道小厂上班，非常辛苦。他喜欢读书，想买一本《青年近卫军》，就去找母亲，母亲不顾周围工友的反对，毫不犹豫地给了钱。他看到母亲非常辛苦，就用这钱给母亲买了罐头，结果被母亲数落了一顿。母亲又给了他钱，让他买到了人生中的第一本长篇小说。我应该怎么反馈？

我可能会这样下评语：

读完晓声同学的这篇随笔，我流泪了，感动得无以复加。我也想起了自己的母亲，在贫穷时代，仍然给我钱、允许我读课外书的母亲。

旁边的女人，她也是另一个孩子的母亲。她说："大姐，别给！没你这么当妈的！供他们吃，供他们穿，供他们上学，还供他们看闲书哇！"这也是一位心地善良、十分热心、爱自己的孩子，且同样辛劳的母亲。甚至，她代表了母亲中的大多数，十分可敬。但我们的母亲，还有另一面，正是这一面，让我们哪怕最终算不上优秀，仍然平凡，但至少不会平庸。这就是她们的见识，是她们对读书这件事的重要性的认识。

弗洛姆在《爱的艺术》中讲到母爱时说，母亲不但要有给孩子奶的能力，还要有给孩子蜜的能力。在这里，"奶"指的是养育，就是"供他们吃，供他们穿，供他们上学"；而"蜜"指的是幸福，"供他们看闲书"就是其中一种。从这一点上讲，我们都是幸运的，母亲不只让我们活着，而且给予我们幸福。

你终将成为一名父亲，或许，还会成为一名作家，因为你文笔如此之好。我想，给予自己的孩子，给予千千万万读者以"蜜"，传播幸福，让更多的人因为你的存在，灵魂更为丰盈，这，或许就是你母亲对你的赠礼和祝愿，也是老师对你的祝福。

这就是自由写作的反馈方式，或者说反馈思路——是一种心灵对话，也是一种道德人格上的引领。

有的老师会说，学生那么多，时间那么有限，怎么可能批阅得这么细致？自由写作的反馈，主要不是时间问题，而是一种敏感，一种对思想、情感和文字的敏感。有了这种敏感，在有限的时间内，就知道如何更好地反馈；或者说，把反馈的效益最大化。比如每次自由写作，哪怕一个班交上来五十篇文章，并不代表就有五十个主题。可能主题并不会超过五个，一般甚至就是一两个（因为自由写作也是有参考题目的）。如果这一次自由写作的题目是"写一个你和母亲之间给你留下最深印象的故事"，那么，主题实际上就是"母亲和子女的关系"，而老师没有必要给每一位儿童都详细阐述对"母亲和子女的关系"的认识，只要在自由写作集体讲评时，围绕着1—3篇讲评用的文章，深入地阐述清楚就可以了。这是一种集体反馈。讲评用的文章可以细评；一般文章，或长或短，三言两语也行——完全是根据实际情况决定。比如这篇文章，也可以简要点评：

谢谢晓声同学，写出这么好的文章！感动，落泪！

母亲们都是伟大的，而你的母亲，不但伟大，还有见识，这也是你读写能力强大的原因。

相信你会成为一个作家的！母亲的爱与期待，会借着你的笔，去影响更多的人。

努力吧，少年，永远祝福你。

甚至可以写得更短：

感动！

母亲不但伟大，而且有见识；儿子因孝顺而糊涂，最终真懂了母亲。

期待有一天，你写出自己的第一部长篇小说。

不辜负母亲，更不辜负自己。

显然，这样的点评，是需要老师的理解力的。而老师的理解力，本身就是在思考和互动中发展起来的。无论如何，我们可以看到自由写作与作文有着本质的不同。假如这是一篇作文呢，比如这次作文的要求，是"写出人物的特征"呢？应该怎么下评语？

或许，可以这样写：

这是一篇非常优秀的写人文章。

作者写的是母爱，但与一般文章不同的是，写出了母爱的深度。母亲不仅辛苦地养活家人，而且，对儿子对书籍的渴望，也有着深刻的理解和坚定的支持。

文章成功的关键有三点。

一是选择了典型事件。

二是非常成功地运用了环境描写、外貌描写和心理描写。环境描写，侧重于写环境的恶劣，突出母亲工作环境的艰苦，服务于主题。写母亲外貌，没有面面俱到，而是紧紧抓住辛劳这一特征来写，服务于主题。心理描写主要有两处：一是写我对《青年近卫军》的渴望，没有这种渴望，也不可能鼓足勇气要钱；二是写看到母亲工作的环境和状态带来的强烈的震撼，这些描写，都深深地打动了读者。

三是冲突的构造。这件事中包含了多重冲突：我的渴望与家里贫穷之间的冲突；母亲给我钱买书以及我却给母亲买了罐头之间的冲突。后一个冲突，非常类似于《麦琪的礼物》，深化了主题，让爱不只是单向的，而是双向流动。这一个冲突的设置，也把文章带向了高潮。

此外，文章的对话描写也非常精彩，短句为主，兼以标点符号的精彩使用，把人物的心理刻画得栩栩如生。

通过对比，大家可以清晰地看到自由写作的反馈，与精确的作文批语之间，是有着显著区别的。自由写作是围绕着写作内容，或者说主题，或者说话题，或者说思想感情进行交流；而作文批语，则更着重于写作方法的点评和指导。前者更关注内容，是交际语境中的互动，是道德人格课程；后者更关注形式，是依据作文要求给予的精确反馈，是语文训练。

如果是说理类文体呢？一般也在三个层面上交流对话：

1. 理解和确认文章的观点；
2. 审议并与文章进行对话，以阐发、完善、拓展或批评文章的观点；
3. 在更高层次审议相关主题、大概念，以及在元认知层面对儿童的认识本身进行指导。

理解和确认作者的观点很好理解。审议，是指要看对方的论点、论据、论证有没有缺陷，能不能立得住脚；阐发，是沿着作者的思路，丰富它；完善，是对作者论述不完整的地方，通过对话补充完整；拓展，是在作者论述的基础上进行必要的延伸；批评，是对全文或部分不赞同时，提出自己的看法进行商榷。而更高层次的审议要复杂一些。比如要揭示作者所讨论的内容，背后实际上有一个什么样的大主题，这是话题的归并；要思考这个大主题，背后需要理解什么样的大概念？要予以揭示，使之成为理解的工具；元认知层面的指导，是协助作者理解自身的思考或认识过程。

假设说，班上有一个叫韩愈的同学，写了这样一篇文章：

世上有了伯乐，然后才会有千里马。千里马经常有，可是伯乐却不会经常有。因此即使有千里马，也只能在仆役的手里受屈辱，和普通的马并列死在马厩里，不能以千里马著称。

一匹日行千里的马，一顿有时能吃一石食。喂马的人不懂得要根据它的食量多加饲料来喂养它。这样的马即使有日行千里的能力，却吃不饱、力气不足，它的才能和好的素质也就不能表现出来，想要和一般的马一样尚且办不到，又怎么能要求它日行千里呢？

鞭策它，却不按照正确的方法，喂养它，又不足以使它充分发挥自己的才能，听它嘶叫却不能通晓它的意思。反而拿着鞭子走到它跟前，说："天下没有千里马！"唉！难道果真没有千里马吗？恐怕是他们真不识得千里马吧！

原文——

世有伯乐，然后有千里马。千里马常有，而伯乐不常有。故虽有名马，祗辱于奴隶人之手，骈死于槽枥之间，不以千里称也。

马之千里者，一食或尽粟一石。食马者不知其能千里而食也。是马也，虽有千里之能，食不饱，力不足，才美不外见，且欲与常马等不可得，安求其能千里也？

策之不以其道，食之不能尽其材，鸣之而不能通其意，执策而临之，曰："天下无马！"呜呼！其真无马邪？其真不知马也！

这样的自由写作，怎么反馈？如果是作文，就要审查论点、论据以及论证过程。但自由写作没有必要，就是大家就共同关心的话题展开讨论，如此而已。比如，可以这样批阅：

这篇文章提出了一个非常有意思的话题：到底是先有千里马，还是先有伯乐？

韩愈同学的观点是：先有伯乐，然后才有千里马；人才实际上是很多的，真正缺乏的，是能发现人才的人。如果不能以对待人才的态度对待人才，哪怕有人才，也会被埋没，还认为找不到人才。我很赞同这个观点，就像在一个单位里，有一个好领导，人才就成堆地冒出来了；相反，有一个糟糕的领导，那一定是万马齐喑。这样的例子比比皆是。

但是反过来想，先有千里马，再有伯乐，不同样成立吗？与一个真理相对的，难道不是另一个更伟大的真理？所谓的人才，本来就是指能解决问题的人、创造性的人。一个被动等待伯乐发掘的人，真的就是人才吗？乔布斯是被伯乐发现的吗？相反，像他这样的人才都是突破了种种压制，顽强地从时代的急流中涌现出来的。

那么，究竟是先有伯乐，还是先有千里马？

或许，这取决于我们的处境与立场。在封建社会，"率土之众，莫非王臣"，既然都是给皇帝服务，如果得不到赏识，是人才也难有出头之日。这种情况下，明君、伯乐，就显得非常重要。但在今天这个开放的时代，自己就是自己的伯乐，只要有才华，就很难被埋没；被埋没可能是因为才华还不够，时机还不成熟。

所谓的立场，就是指，我们是在以伯乐的身份发言，还是在以千里马的身份发言。

　　如果以伯乐的身份发言，这就是好文章。因为这代表了一种自我省察，我必须修炼火眼金睛，去发现人才、培养人才。如果以千里马的身份发言，这就是怨妇词，是一种不自由的表达。因为文章传递的信息就成了：因为没有伯乐，所以我成不了人才。真正的人才，是不会这样思考问题的。真正的人才会想：纵然不被赏识，我仍然会逆风成长。

这当然又太长了，只是展示一个思考过程。也可以简要地评论：

　　很赞成作者的观点。文章实际上在讨论一个话题：先有千里马，还是先有伯乐？

　　作者强调了伯乐的重要。但是"先有千里马，然后才有伯乐"，一定错了吗？相反的观点，合理性又在哪里？

　　再进一步，两种相互对立的观点的背后，又有怎样的处境与立场？

　　这样想，是不是很有意思？自己化身论敌与自己辩论，是训练思维的好方式，不妨试一试。要不要再写一篇？（当然，不是任务，随你的兴致）

这就构成了一个以思辨为特色的对话过程。

　　当然，自由写作的反馈，并不是说完全不能针对写作形式，只是往往不以写作形式的反馈为主。在写法上，必要的提醒和点评，经常也是有的。在有些自由写作训练中，关于写法的训练，甚至是非常重要的，尤其是应用文建模。比如要教学生写文学评论、写演讲稿等，都涉及写作方面的教学。比如常见的故事模型、金字塔原理，以及演讲稿写作方法等，都是可以教的。

自由写作的反馈，也会遇到一些不知道怎么反馈的情形。例如：

1. 抄袭；
2. 空洞无物的应付文章；
3. 文艺腔；
4. 偏激文。

儿童为什么会抄袭？当儿童感觉到一件事是"要他做"，而不是"他要做"时，当他处在一种被动的状态时，或者说一种不自由的状态时，抄袭就有可能发生。尽管如此，教师也要将不抄袭作为自由写作的戒律，在一开始就严肃地表明。遇到抄袭文，也没有必要指责，更应抱一种同情的态度。重点在于预防一再抄袭，所以，在批阅上，打上几个问号，双方意会就可以了。

空洞无物的应付文章，有多种反馈方式，唯独不要批评或讽刺。比如可以有类似的回复：

　　在这篇文章里，你想讨论的是……问题吗？老师期待更准确，以及更贴近你生命的表达。

文艺腔要分情况。有些文艺性文章，写得非常好，就不能简单叫文艺腔了。但更多的时候，文章出现文艺腔是滥用修辞造成的结果。这时候，就不妨指出来。比如把其中一段拿出来修改，变得简明、连贯、得体，然后让儿童试着比较不同的表达效果。而文艺腔的问题，包括好词好句的问题，也需要集中反馈，让儿童分辨"好词好句"与"有新鲜感的语言"之间到底有什么区别。

对于思想或语言偏激的文章，要通过追问，让儿童学会从另外的角度看问题，用更为平衡的观点、更为复杂的角度去看问题。当然，也可以通过改写，让儿童看到怎样的表达更严密。

还有一些时候，自由写作，就像儿童通过一个树洞向老师倾诉自己的一切，尤其是遇到困难的时候。这时候的反馈，就是两个心灵之间的对话，老师应以同情理解之心，帮助儿童解决问题，引导他走出困境。

上面讲了这么多，似乎自由写作的反馈有一些公式在。实际上不是这样的。自由写作的反馈，重点仍然在自由、在敏感、在灵性。反馈的结构，只是一种框架和启发。在真实的对话场景中，反馈是灵活多变的，是在场景中的自由反应，师生的理解力，共同影响着反馈的品质。而且，不同的老师有不同的性格不同的爱好，反馈风格也会有比较大的差异。这些都非常正常，并不存在一个绝对客观或正确的反馈。反馈是两个生命之间的对话，这种对话是一种无限游戏，并在相互理解、相互编织中不断生长。这本身就是一种共同成长。

四

上面讲的，是一对一的反馈，即批阅。还有两种重要的反馈方式：一是集体反馈，二是同伴间的相互反馈。甚至，这两种反馈，是所有反馈中最重要的。

因为自由写作每次会有 1—3 个参考题目，大多数儿童都会围绕这几个题目来写，集体反馈，反而是效率最高的。集体反馈重在前期准备，程序如下：

1.阅读全部自由写作作品，随手简要画线或下评语。对有价值的故事、观点或句子，随手记录。比如输入电脑，或者用手机拍下来。特别好的作品，或者有讲评价值的作品，单独拿出来。同时，也要做笔记，记录信息、灵感和思路，为讲评课做准备。

2.有讲评价值的作品，选2—4篇，以及若干片段。选择作品的原则是：范文；观点或角度不同但都很有价值的文章；有价值的病文。同时兼顾作者，原则是：在同等情况下，给更多儿童以讲评机会，不要总是聚焦于几个写作水平高的儿童；通过分享片段，让更多的儿童被看见。

3.对有讲评价值的作品或片段进行深度分析。实际上就是以这些作品或片段作为材料，实现老师的讲评意图。在多数时候，讲评意图，就是帮助儿童深刻地理解参考题目中所包含的主题，把这一过程，变成一个思辨的过程、变成一个道德人格教育的过程，从而加深儿童对相关主题的理解，并提升思维品质。

4. 对反馈课进行设计。 比如抛出不同儿童的不同观点，请大家自由发言。通过问题链以及自由讨论，对相关主题进行澄清。自由写作中的常见问题，也可以在这个过程中渗透或集中反馈。

集体反馈，仍然以分享和对话为基本原则，以反思作为核心，不针对儿童本身做过多的评价，无论是表扬还是批评。这样，集体反馈在本质上就像创设了一个公共交流的空间，有作为权威的老师的主持与引导，有不同层次儿童之间的自由交流。准备得深入、组织得高效，就有可能形成深度对话，从而促成深度学习。同时，这也是一个凝聚共识的过程。当这个过程反复进行，儿童就越来越清楚自由写作的方向和方法。不能把这个过程变成一个机械反馈的过程，表扬好的、批评差的。重要的是让儿童看到应该怎样做，而不是谁做得好谁做得差。

同伴间的反馈也非常重要。比如儿童之间，4—6 人作为单位。单位可以相对固定，不同水平的儿童进行搭配；也可以不断地流动，让不同的儿童充分接触。这样，每个儿童可以阅读 3—5 篇文章，并通过文字进行对话。每一篇文章，也就有 3—5 条评语，可以供写作者思考。这样，老师不用逐一批阅，只要读完全部文章及评语，挑出准备讲评的进行备课即可。当然，在阅读过程中，发现文章或评语有较大问题的，也可以随手批阅。这样，压力就减轻了；而儿童也因为增加了读者而提升了写作兴趣，进而提升了写作质量。

为什么很少有老师采用同伴反馈这种方式呢？

因为这种方式，需要设计好规则与程序，并对儿童进行训练。因为，儿童本身是不可控的——想法不可控，态度不可控，能力不可控——可能造成许多问题，甚至儿童之间出现矛盾。

假设是 4 个人一个小组，一个简单的规则是：

1. 按姓氏笔画顺序，轮流做组长；组长负责收交、分发、整理作品；落实互批流程；检查批阅质量并通过沟通处理异常情况（处理不了的向老师请教或请老师介入）。

2. 不能按时提交的作品，不进入批阅流程，本人也不参与批阅；组长和本人需要向老师汇报并说明原因。

3. 相互批阅时，请遵照如下原则：认真批阅，不能草率应付；不能口头或在作品上对写作者或作品进行嘲笑、讽刺、攻击，也杜绝故意的夸张；字迹务必工整。

一般来讲，第一个月做同伴反馈，总会有许多问题出现。不要急于批评或惩罚，当成一个学习过程，耐心纠正和教授。一旦形成习惯，一种相互尊重的文化就形成了。

无论是个体反馈、集体反馈还是同伴反馈，都要特别注意时间成本，不断地砍掉一些不必要的时间成本。比如不用留出专门的时间来用于同伴互批，规定一个时间段，让儿童利用课间以及晚自习等时间，见缝插针地解决，由组长来进行协调。这样往往更高效。

五

上面讲的，都是日常状态下的反馈。

还有一种反馈方式，就是自由写作的作品化。作品，是一个人呈现给世界的礼物。比如：

1. 每一年，每一位儿童，制作一本属于自己的自由写作作品集；

2. 每一年，整个班级，制作一本属于自己班级的自由写作作品集，里面包含每一位儿童的代表作；

3. 利用班级或学校公众号，发布优秀作品；

4. 利用班级墙壁、学校展板，展出优秀作品；

5. 学校层面，征集和收藏每届学生优秀作品；

6. 对有天赋的儿童，开作品发布会；

7. 和媒体（包括纸媒和电子媒体）建立联系，经常推荐优秀作品予以发表；

……

总之，不要把自由写作当成作业，而是当成一种生活方式，或者说，是一位或一群儿童生活方式中的重要组成部分。我们阅读、思考、写作，这本身就是生活。写作是在这个过程中自然而然发生的，反馈是在这个过程中自然而然进行的。

最好的状态，就是让这种互动变得非常愉悦，像呼吸一样自然。

作为低段自由写作的写绘

一

写作是一种表达。那么，这种表达，是从什么时候开始的？又或者直接地说，儿童是从什么时候开始写作的？应该从什么时候开始写作？

有人会很自然地说，当然是三年级啊，三年级不是作文的开端吗？也可能有人说，从一二年级就开始了，因为一二年级有写话，不就是写作的前身吗？在这种种说法中，隐含了一个值得商榷的前提：儿童必须先学会写字，然后才可能写作。这似乎很符合常识：字都不会写，谈得上写作吗？

那么问题来了：当一个人激情洋溢地发表即兴演讲时，他是不是在"写作"？谁说写作一定是书面语言？更进一步地，当我把想法画下来，展示给别人看，就像那无数的绘本，这是不是写作？这些绘本作者（尤其是无字书），是不是作家？又或者，我在"老魏的咖啡馆"视频号上讲家庭教育，这算不算写作或创作？还有，一个聋哑人，或者牙牙学语的儿童，用身体或手势来表达，这算不算写作？

当然，我们可以把用文字写作定义为写作，把用口语写作定义为口语交际或演讲，把用图画写作定义为绘画，把用影像来表达定义为视频，把用身体写作定义为手语。但这样的理解，恰恰是为了分类后的概念而遮蔽了写作的本质。写作在本质上就是表达与表现，是向对象传递意义与情感。从这个意义上讲，身体、图画、口语、文字、视频，都只是写作的工具——无非是文字这一工具，在人类漫长的历史中，起到了非同寻常的作用而已。但对写作或表达而言，这一过程是连续的，并且以上这些表达方式常常是结合在一起联合发挥作用的。

认识到这一点很重要。这意味着，写作不是在某一刻突然涌现的。当一个婴儿呱呱坠地，写作就开始了。他的哭声，就是一种表达、一种宣告。他伸出小手，蹬起小脚，除了本能的反射外，已经是有意识或无意识地表达自己的感受和诉求。最早的表达，一定是身体的。之后，在身体表达之外，口语又参与进来，大大地拓展了表达的方式。当儿童能拿起笔开始涂鸦时，线条、图案与色彩，又成了新的表达方式。直到学会写字，书面写作，才成为仅次于口语表达的比较重要和高品质的表达方式。这些表达方式，都不是孤立存在的。每一个阶段，都有主导的表达方式。并且，早期的表达，对后来的表达，有着深远的影响。很难想象，一个眼神都无法和父母交流的儿童，会学会流畅的口语表达和书面表达。

最终，一个成熟的人，往往会在不同的表达方式之间自如地切换。甚至在同一个表达场景中，可能同时涉及身体、口语、文字、图画以及视频——这在今天已经很常见了。如果我们在讨论写作时，执着于文字写作，无形中就将流畅的写作发展人为割裂了。这不利于对写作的理解，更不利于写作教学。

文字写作无疑是最重要的。那么，文字写作的前身或过渡应该是什么？是口语与图画写作，我们称之为写绘。

二

什么是写绘？

写绘往往与绘本阅读连接在一起，统称为"读写绘"，是低段孩子最重要的读写课程。

关于读写绘，干国祥、马玲老师如是说：

　　"读写绘"的核心是"读"，通过大量阅读人类最优秀的读物，为学生学习构建丰厚的智力背景；通过儿童喜闻乐见的方式，使儿童产生对学习、学校、教师的喜爱，以改善师生、亲子、家校关系。

　　"写绘"是指孩子在阅读之后借助图画和语言表达自己的阅读体验、个人对世界的认识，是生命在这个特定阶段的完整讲述。

　　显然，理解读写绘，必须放在儿童整体生命发展的背景之下。如下一页的图所示。

　　也就是说，我们在研究儿童写作的时候，指向的是生命发展。这里所说的生命发展，包括了智力发展、道德发展、语言发展、精神人格发展。在三年级以前，还包含了图画发展。以下这张图（见下页），构成了我们理解儿童发展的一个理论框架。

　　在这个框架中，写绘居于什么位置？一般来讲，我们会把写绘定位于4—9岁之间。在学龄期，写绘的黄金期，主要是指小学一二年级。这个年龄阶段的儿童有哪些特点？可以概括为三点：

　　1. 从自我中心主义向权威主义过渡；
　　2. 以直觉和形象思维为主；
　　3. 处于图式前期。

　　什么叫自我中心主义？这是瑞士心理学家皮亚杰提出来的一个概念，是指年幼的儿童在心理、判断和行为中，有受自己需要和感情强烈影响的倾向。处于自我中心主义阶段的儿童，倾向于凭借感受或主观感情去理解世界，而不是依赖于推理。这种思维特征，就叫自我中心主义。学龄前儿童特别喜欢听童话，而童话中，主人公往往是王子或公主，就是与这种心理特征或思维特点相适应的。在这一时期儿童的认知和情感中，整个世界都是以他为中心的，他就是王子，或者公主。

发展 年龄	智力发展 皮亚杰儿童认知理论	道德发展 皮亚杰道德发展理论	语言发展 集桑茨基语言发展理论	精神人格发展 埃里克森心理发展理论	图画发展 罗恩菲尔水儿童绘画发展理论	图画发展	新教育儿童课程 年级	新教育儿童课程 课程内容
0	感知运动阶段：从对物我不分的混沌状态，开始用身体进行探索，到 2 岁左右，语言发展进入第一个爆发期。		外部言语	基本信任－基本不信任：母亲的爱建立对这个世界的信任。	涂鸦前期	通过触摸、看、抚开、听、嗅等身体行为进入涂鸦前期。		
1								读写绘、儿歌、童谣、故事。
2		自我中心阶段：游戏规则或成人的泛泛而约束力，求对他们还没有自己的规则，只接照在游戏行规则。愿去执行游戏规则。		自主性－羞耻与怀疑	涂鸦期	各种各样的涂鸦：无序乱涂，纵向乱涂和画圆；后期为自己的涂鸦命名。	幼	
3	前运算阶段：以自我为中心的思维，用直觉而不是逻辑的思维方式。		自我中心言语				一	
4				主动性－内疚：通过父母认可对自己行为的认及责任感而发展"自我"的意义。	图式前期	出现表现人物的基本造型。	二	
5		权威阶段：绝对遵从成人、权威者的命令及所规定的规则或提出的要求。					三	
6								
7							四	童话经典，自由阅读。
8		可逆阶段：不是以权威而是以是否公平作为判断行为好坏的标准。	内部言语	勤奋－自卑	图式期	使用基底线，出现人物、事物，构图和非图式的方面发展是图式完整时期。		
9	具体运算阶段：建立"守恒"的概念；开始由具体事物的思维，慢慢发展到抽象逻辑的思维。						五	古典诗词，成长小说经典，综合课程。
10				通过与同伴之间的交流而感及发展自我价值感，教师对于学习与教师的鼓励尤为重要。	写实主义期	注重写实，作品表现画。	六	
11							七	
12		公正阶段：依据规则判断时能从关心一些实际情况，从动态和心理情境出发去判断。		同一性－角色混乱：发展对同一性的强烈感觉，在各种情境的自我神途去中进行选择。	假现实主义期	对人物和环境更具批判的意识，更注重细节描画；美术技能画变高。	八	长河小说，神话，名人传记，经典诗词。
13	形式运算阶段：抽象运算，具有处理假设性事情或更高难度，唯心色彩的问题发生判断能力。							
14					决定期	绘画表现更多的发和细致，若不利这画能，一般不发展利这画能阶段。	九	
15								

图片选取自马玲老师《儿童的早期阅读课》一书

但是到了小学一二年级，从十八个月就开始的去中心化过程就加速了，儿童就会逐渐进入到下一个阶段，即权威主义阶段。在全人之美道德人格课程中，这就是一个"我要做个好孩子"的阶段。所谓的"我要做个好孩子"，就是说我要听权威的教导。这里的权威，往往指的是成人，尤其是父母和老师。这是儿童脱离自我中心主义，完成社会化中途的一个非常重要的阶段。

直觉思维和形象思维，是对同一种思维的两种不同的命名，也可以视为同一种思维的两个不同阶段。在小学低段和学龄前，年龄越小，越是直觉思维；年龄越大，越是形象思维。在这个问题上，意会即可，不必过度纠缠。例如真正的高手，往往也依赖于直觉思维来减轻认知负荷，这跟儿童的直觉思维不一样。可以说，儿童的直觉思维，是思维的浪漫阶段；而高手的直觉思维，是思维的综合阶段。

所谓形象思维，是指依赖于表象，运用具体事物的具体形象进行的思维。年幼的儿童能够理解家庭、很难理解国家，就是因为家庭可以依赖于具体的表象进行理解，但国家相对抽象，难以表象化。再比如儿童能够理解"好"，谁对自己好，谁是好人，但是儿童很难理解"正义"。因为对正义的理解，主要是概念性的，对儿童的抽象思维能力有很高的要求。再比如桌子、椅子，儿童容易掌握，但家具呢？用维果茨基的话来讲，这一阶段的儿童，更多地依赖于日常概念，而不是科学概念来理解与表达。所以幼儿期，皮亚杰称为前运算阶段，更多的是直觉思维；而小学期（主要是1—4年级），皮亚杰称为具体运算阶段，更多的是形象思维。

图式期，是指儿童绘画活动发展的一个阶段。4—9岁的儿童，已经能够按照自己的想法，用线条和色彩，把事物图式化，表达自己对事物的认识与感觉。大家可以想象一下，这一定是半加索式的，而不是素描或油画式的，往往天真幼稚、但又直观鲜明，富有想象力，也充满了情绪性。图式期之前，是涂鸦期；图式期之后，才进入写实期。在三四年级以前，每个儿童都有绘画天赋，三四年级之后，没有相关练习的话，大部分儿童的绘画天赋就会逐渐消失。我们会认为能保留下来的这批儿童是有天赋的，但实际上所有儿童原本都有天赋。所以，如果你是家长，就要知道早期的绘画天赋的开发与维护，是非常重要的；错过了敏感期，就很难再发展起来。

为什么叫图式期？就是说，儿童已经能够按照自己的意思，把外部的事物形象或故事，用最容易的方式表达出来，加以图式化。主要是以线条和色彩（越早期，核心越是线条）作为主要手段，通过自我中心进行观察。这是一个重要的表达时期。在这一时期，儿童的画，会出现透视上的问题，往往是多视点、平面化和象征性的。他们对远近的处理、深浅的处理，不是现实主义的，而是象征主义的。比如画人的时候，重点部位，或要表达想法和情绪的部位，就会突出、变形，按照自己心里想的加以变化，而不会关心实际是什么样子。这样的作品，必然是鲜明的、充满情绪性和想象力的。这是儿童绘画的一个黄金时期。

要理解写绘，我们还要重温两个重点原则：

1. 浪漫—精确—综合；
2. 意义优先原则。

"浪漫—精确—综合"以前讲得很清楚了。那么，什么是意义优先原则呢？

意义优先原则是说意义优先于语言，儿童是先在他的头脑中涌现出意义，然后再寻找合适的表达。"情动于中，故形于言"，先有想法，再找表达，这是一个规律。当然，如果用海德格尔的话来讲，"语言是存在的家园"，语言之外，无物存在，这根本不可分割。但海德格尔这里讲的"语言"，与我们在写作的时候讲的"语言"还是有差异的，先要悬置起来。总之，儿童有想法、有情绪，但没办法用文字来表达，就可以用身体来表达、用口语来表达、用图画来表达。落在书面上的，在文字表达之前，就是图画表达。

在讲阅读时，我们会强调，儿童是先阅读、再识字的。这同样是遵从意义优先原则。毕竟，儿童在识字前，早就在阅读了。听故事是阅读，听父母讲话也是阅读。同样地，儿童也一直在表达，用身体、口语、用图画。用文字是比较晚的事情，在认识上，我们要扭转以前的偏见，不要把写字当成写作的绝对基础，认为只有学会写字，才能写作；而要倒过来，先学写作，再学写字，往返循环。

三

前面讲到了写绘的定义：

"写绘"是指孩子在阅读之后借助图画和语言表达自己的阅读体验、个人对世界的认识，是生命在这个特定阶段的完整讲述。

当说写绘是"生命在这个特定阶段的完整讲述"时，就意味着写绘本质上是自由写作，是儿童课程而不是学科课程，是与生命、生活高度关联的课程。通过写绘，儿童在表达对世界的认识、表达自己的阅读体验、表达自己对于生命生活的感受与理解。

但这里就有一个问题，因为儿童的生活，仍然有着强烈的自我中心主义的特征，儿童还远远没有完成社会化。儿童关心的，都是与自己高度相关的人或事物，儿童的圈子也局限在家庭、同伴以及阅读之内。儿童不可能对他人或环境，进行有意识的、深度的观察、记叙与描写，乃至于思考。——肯定有，但必然是无意识的。

在这种情况下，儿童的写绘，或者说自由写作，究竟写什么？

显然，儿童很难完整地、有意识地表达自己的生活。儿童对自己生活的理解与表达，往往是无意识的，是想象性、依附性和模仿性的。这是什么意思呢？就是说，儿童很难客观地、流畅地去写生活中的事件，无论用文字还是图画。因为带有叙事性质的写作，对儿童的智力有非常高的要求。儿童的写作或者说写绘，往往带有高度的象征性。通过一些形象，想象性地象征生活，象征自己的理解与感受。如果儿童有足够的阅读，尤其是绘本阅读，儿童也会依附于绘本进行模仿；在模仿中，把自己的理解与感受融入其间。

所以，象征性、模仿性，是写绘的非常重要的特征。儿童借助象征与模仿，来完整地讲述自己的生命与生活。

所以，写绘内容，往往是跟阅读内容结合在一起的。通常可以分为两大类：故事写绘和生活写绘。核心，其实是故事写绘，而不是生活写绘。如前所说，儿童对现实的认知以及社会化水平相对比较低，更多的是自我中心主义，活在自己的世界里，活在自己的"故事"里，因而并不是写绘的核心内容。此外，因为儿童学习内容的丰富性，还可能有其他一些写绘类型，比如晨诵写绘（开展晨诵课程的学校可以开展）等。

就故事写绘和晨诵写绘来讲，主要有五种形式：配画、仿写、改写、续写和创编。配画是一种转换，将文字转换成为画面，这是一种理解和表达的方式。学习始于模仿，所以，仿写非常重要。因为仿写受到了原文结构的限制，有利于习得原文的结构与语言。改写也受制于上下文，是非常好的思维和想象力训练。续写原理类似，但难度要大一些。而创编则是完全地创造一个新的故事，是难度最大的写绘类型。

以晨诵写绘为例，如下面这首晨诵诗：

春天多美妙

燕子挥剪刀，
鱼儿伸懒腰，
大地妈妈哈哈笑。
草儿发芽虫儿跳，
春天多美妙！

风儿微微笑，

白云飘啊飘，

太阳公公高高照。

花儿美丽蝶儿俏，

春天多美妙！

这首晨诵诗，如何与写绘结合起来呢？

仔细读一遍，就会发现，这个晨诵不是叙事性的，而是一个画面。那么，就可以布置一个写绘任务，要求儿童为这首诗配上一幅画。这样，儿童必须仔细阅读这首诗，实现从文字到画面的转换，将时间性转换为空间性。他必须在画面里去处理燕子、鱼儿、大地、草儿、风儿、白云、太阳公公、花儿、蝶儿等事物之间的空间关系，而且还要去表现它们的情态。这就需要一种理解；如果不理解，就很难画好。在这种画面到文字的转换中，儿童的理解力和想象力就会得到发展。

诗配画并不是写绘的主流方式。因为写绘的关键是故事，叙事性是第一位的，它并不是画画。

当然，也可以让儿童仿写。比如：小河会怎么样呢？柳树会怎么样呢？虫儿会怎么样呢？儿童就需要根据上下文来揣摩，寻找合适的语言。还可以让儿童续写。比如这首诗是讲春天的，那么夏天会怎么样？秋天会怎么样？冬天会怎么样？这就是续写。如果一首诗在描绘晴天，续写就可以针对雨天。在这个过程中，老师要有灵机与判断力。

再比如这首《荷花》：

荷花小姑娘，

笑脸甜又香，

撑开荷叶伞，

自己不戴上。

要问为什么，

送给鱼儿遮太阳。

写绘作业：

荷花小姑娘有伞，芭蕉叔叔有扇……每一样植物、每一样动物，都有自己的宝贝，都是那么大方，愿意送给需要它们的朋友。

画一个"送——"的故事吧，看老师瞧了你的画，明白不明白。

——选自干国祥，陈美丽编写《晨诵课》（一年级下册）

这首诗有点咏物诗的味道，写的是荷花。而写绘作业，则要求儿童去写另一种植物或动物，主题仍然与"送"有关。这就是一种创编。但是，因为原诗的影响，结构和表达，仍然类似。

当然，晨诵与写绘的结合，要慎重。毕竟诗歌更多是抒情性质的，不要把晨诵写绘变成形式，加重儿童的负担。一般来讲，儿童每周有两篇写绘作品就可以了，只有少数的晨诵，适合与写绘结合起来。

更多的时候是故事写绘。故事写绘，往往是绘本课的延伸。在讲完有些绘本后，可以鼓励儿童续编或创编，通常续编比较多。当然，有些故事适合续编，有些不适合，不能随意让儿童续编。适合续编的故事很多，比如《母鸡萝丝去散步》，特别好玩。母鸡萝丝去散步，一路上惊险无比，因为有一只狐狸跟在后面，总想吃掉她，却总是没吃到，但她自己却毫不知情。那么，母鸡萝丝第二天去散步的时候，狐狸又跟在她的后面。母鸡萝丝能否安全回家？又会发生什么故事呢？就可以鼓励儿童去创编。

有一个非常好的绘本叫《我爸爸》，也特别适合创编。绘本的基调是黄色的，黄色是温暖的颜色，与亲情相适应。爸爸的形象是非常夸张的，象征性的。绘本里有许多场景，比如说："我爸爸什么也不怕，大灰狼他也不怕，大灰狼遇到他灰溜溜地走了。我爸爸可以从月亮上跳过去，还会走高空绳索。他会跟大力士摔跤，跑步也是第一名。我爸爸吃得跟马一样多，游得跟鱼一样快，跟大猩猩一样强壮，像河马一样快乐。我爸爸有时候像房子一样高大，有时候又像泰迪熊一样柔软。我爸爸像猫头鹰一样聪明，有时候也会做一些傻事。我爸爸是一个伟大的舞蹈家，也是一个了不起的歌唱家。他踢足球的技术一流，也非常幽默，常常逗得我们哈哈大笑。总之，这就是我爸爸，我爱他。"

在跟儿童读这个故事的时候，老师也清楚，这个年龄阶段的儿童，心里的爸爸，往往是一个非常高大的形象，无所不能。儿童只有在一定年龄阶段以后才知道，爸爸其实就是一个普通人，在这个社会上、在人群中，是一个不起眼的小人物，在单位里，甚至可能是一个受气包。但在年幼的时候，一个高大的、无所不能的爸爸的形象对儿童很重要，有助于安全感和自我镜像的形成。类似这样的故事，就可以让儿童去创编，去写自己的爸爸：

> 这是一个温暖的故事，讲述了一位孩子眼中的爸爸，充满了各种神奇。
>
> 亲爱的小朋友，在你的眼中，你爸爸是一个怎样的人呢？
>
> 请拿起画笔，来讲一讲你心目中爸爸的样子吧。（不少于 3 幅，多则不限）

生活写绘不是写绘的主流。在象征主义时期，过多的生活写绘，会降低写绘的质量。这个阶段的儿童，更多的是需要想象力，而不是表达真实的生活。当然，这并不意味着不能布置与生活有关的写绘，只是重点不在于此。如果布置生活写绘，就要与当下生活高相关。比如当没有恰当的绘本或晨诵让儿童写绘的话，就可以带一种类似游戏的方式，鼓励儿童把内心深处的一些东西通过写绘去宣泄。比如：你妈妈是怎么催你起床的？或者你妈妈是怎么催你完成作业的？你爸爸生气起来是什么样子的？也可以让儿童画自己眼中的爸爸妈妈、老师和同学。这本身也是一种师生共同生活的方式，特别有意思。

有些故事很适合续编，比如《逃家小兔》《猜猜我有多爱你》。《逃家小兔》

的情节很简单，小兔子跟他妈妈说我要离家出走，他妈妈说，你要离家出走，我就去追你。然后小兔说我变成什么什么，你就追不到了。妈妈说你要变成什么什么，我就变成什么什么，总之就是能够抓住你。到最后，小兔子说我也不跑了，妈妈说，那吃一根胡萝卜吧。像这样的故事，就可以续编。续编的故事也可以插在故事中间，加入一些画面。比如说小兔子还想变成什么，那么妈妈又会变成什么，可以不断地写。这对儿童也是一个挑战，因为他变成什么，妈妈变成什么，这之间要有联系、要有逻辑。《猜猜我有多爱你》也一样，中间可以加入一些场景，让孩子再去画几幅画。

　　除了创编和续写，还可以改写。比如《三只小猪的真实故事》，这个绘本本身就是对一个故事的改写，结果又改成了经典。刚才提到的《逃家小兔》，能不能改写呢？比如让儿童去写一个故事，叫《逃家妈妈》，讲述一个被孩子折腾得不断逃走、又被孩子不断地找回来的妈妈，是不是特别有意思？还可以与一些儿童联合来写，最后形成一个有一定长度的故事。写绘作业可以这样布置：

　　　　兔妈妈实在受不了淘气的小兔子了，她告诉小兔子，自己决定离家出走……

　　　　那么，妈妈为什么要离家出走呢？她和小兔子之间又发生了怎样的故事呢？这个故事又会有怎样的结局呢？

　　　　请用你的画笔，写下这个故事。

　　这个故事就与生活容易发生联系。我们知道，在真实的生活中，妈妈虽然爱孩子，但孩子也会经常给妈妈带来麻烦。儿童在这些方面是有生活体验的，通过这样一个设计，让孩子想象，假如你是妈妈，你受不了孩子怎样的行为，然后表达出来。这对儿童理解亲子关系以及促进自我认同，都有着积极的意义。

四

写绘既然是自由写作的一种，就特别强调"我手写我心"，儿童通过图画和文字来表达自己的内心世界。不要小看儿童的画，在这些图画里，有些孩子内心深处的痛苦、郁闷、抑郁，就有可能表达出来。一些性格特质也可能表现出来。比如说有孤独症、强迫症倾向的儿童，他们的线条就会有一些特征——相对比较机械僵硬。有经验的老师，会通过儿童的作品，反过来解读儿童的性格、心理以及当前的情绪状态。在这里，儿童的表达往往是潜意识的，儿童自己也没有意识到。有一种叙事治疗，叫绘画治疗，是一种通过绘画来宣泄、治疗和识别儿童潜在压力的方式。汶川地震的时候，我们团队在干国祥老师的带领下，去绵阳的八一帐篷学校给那些地震以后的儿童上课，就带入了读写绘课程。有些儿童平时看着正常，也在上课、下课，但很多是有心理创伤的，在写绘作品中比较明显地表达出来了。而这种表达，也是一种宣泄，进而也是一种自我治疗，有助于儿童潜意识中的自我整理。

所以，写绘到了高级阶段，对老师要求很高，老师甚至需要读一些绘画心理学或叙事心理学方面的资料。否则，写绘就容易变成作业，儿童写着写着，就不想写了。

写绘的一个特别之处，就是往往需要家长一定的协助。儿童把故事画下来，但儿童不能熟练地写下来。在这种情况下，家长可以协助儿童将故事写下来。儿童口述故事，家长做记录，写在写绘作品的空白处，或者单独写下来即可。这些，就是儿童的作品。现在更方便了，因为语音转文字的技术越来越成熟，也可以让儿童用口语表达，家长协助转换成文字。当然，最好在记录或转换后，对文字做一些有限的修正，把语法错误、语无伦次的地方做一些修改，让故事更像一个流畅完整的故事。这个故事，仍然是儿童的。在这种情况下，儿童就有可能创作出非常长的故事。有的儿童会写到上千字，甚至几千字都是有可能的。

那么，写绘作品如何反馈呢？

评价写绘作品，有一个非常重要的原则，就是不能以画得像不像作为好作品的核心尺度。这是非常重要的。因为写绘本质上是叙事，而不是绘画。写绘是讲故事的方式，不是描摹事物的方式。评价写绘作品，最重要的是看这是不是一个好故事，而不是画得好不好。在保证故事性的前提下，才需要关注到画得是否精细。

理解了这个原则，写绘作品的评价，核心有三种方法：

1. 公开分享与私下反馈；

2. 通过有倾向性的点评来引导；

3. 作品化。

公开分享容易理解，就是要及时地呈现儿童的写绘作品，这样儿童就会受到激励。可以张贴到教室里，可以在语文课上用 PPT 分享，甚至可以在晨诵课或语文课前，用自动播放 PPT 的方式来展示。儿童看到自己的作品被展示，兴趣就容易被激发。公开分享要注意的是分享面，不能总是个别儿童的作品被分享，要让每一个儿童在一个学期中，都应该有几次作品被分享的机会。如果作品不够好，就通过提前干预，促成好作品的涌现。除了公开分享外，也可以私下反馈，尤其是针对进步比较大的儿童。单独表扬，或者给家长发信息表扬，都是比较有效的方式。

有倾向性的点评，也是一种分享方式。但在这里，点评的目的，是指出方向。儿童到底应该如何写绘？怎样的写绘是好的？又好在哪里？儿童需要榜样，需要示范，点评就起到了这个作用，让好作品的经验迅速传递。如果本班的好作品数量不足，榜样性不强，还可以用其他班的，或者其他学校的，以及网上的优秀作品。

作品化策略。就是不要把写绘当成作业，要当成作品来对待，要让儿童有作品意识。老师也要以作品的姿态来对待作品。比如教室墙上陈列、公众号发布、朋友圈发布，或者鼓励家长把儿童的写绘集结印刷，或者把写绘制作成明信片、日历或书签，逢年过节用于赠送亲朋好友，等等。老师也可以举办写绘作品展，或者印刷班级的写绘作品集。

总之，写绘的精髓，也仍然在于社交场景中的互动。儿童不断地写绘，成人不断地回应，这种生生不息的互动，就构成了一种良性循环或者有益的刺激，促使儿童变得更为敏感和善于表达。在这个过程中，首先是关系的，其次也是智力的、道德的和情感的。

五

从写绘到文字写作，不是突然转换的。随着儿童识字量和写字能力的提升，从最初的没有文字全是图画，到图文并茂，再到以文字为主，这是一个逐渐变化的过程。哪怕儿童完成了从图画到文字的转型，图画也是有意义的。一方面，在用文字自由写作时，儿童完全可以插画，以突破文字表达的单一性。另一方面更重要的是，图画作为一种思维方式，也在潜移默化地影响着文字，让儿童的文字，具有了某种画面感。

显然，写绘，或者说读写绘，是儿童课程非常重要的一个环节，又是非常容易被忽视的一个环节。正确地理解写绘、积极地运用写绘，对于整个自由写作，乃至于整体的人格发展和智力发展，意义不容低估。

第7讲

金字塔原理：高段学生自由说理能力的训练

在小学低段，写绘是自由写作的核心方式。当儿童还不能够用文字自如地表达的时候，线条、色彩以及文字的混合，有助于儿童表达自己的愿望与情绪。并且，写绘也成了心理宣泄以及激发想象力的手段。

在小学中段，儿童已经有一定的识字量了。用文字表达就逐渐取代了用绘画表达，这同时也是对文字的运用。在运用中，儿童会逐渐找到文字的感觉。这是一个创意写作期，儿童的感觉会伴随着故事写作延展。在这一阶段，数量和兴趣，都是非常重要的。同时，这也是一个写作流水账的阶段。儿童写的故事，不一定逻辑清晰，情节不只是意识流化，而且还可能有许多漏洞。这是一个通过运用感受文字、通过想象感受世界的过程。

但是到了高段以后，情形不一样了。在穿越了低段的象征主义和中段的浪漫主义之后，儿童进入了一个更关注现实的时期。儿童的叙事写作，更关注真实的事件。不只如此，儿童也越来越多地对现实生活，以及自己读过的书籍进行思考和表达——也就是说，儿童有了越来越强烈的说理的需要。假如这一阶段，以及接下来的初中阶段或者说整个青春期，儿童缺乏说理的实践、没有说理的训练，那么，儿童很容易变得情绪化，成为一个只顾立场不顾事实、重视情绪胜于理性的人。现在的许多所谓的键盘侠，就是这样炼成的。

一

那么，儿童的说理能力，究竟是如何形成的？

说理能力，只能在不断的说理的过程中形成。或者说，只有当说理成为一种生活方式，成为一群儿童的公共生活时，真正的说理能力才能形成，或者说，儿童才可能成为一个理性的人。

在一间教室里，说理应该成为一种基本的生活方式。一项规则的发布、一个观点的声明、一场冲突的解决，说理都在其中有着核心作用。比如两个儿童吵架了，这里涉及事实的澄清、原则的阐发、是非的判断，就要用说理的方式来达成共识；而不能一团和气地和稀泥，或者老师单方面粗暴地裁定。而且，老师要发布一个重大规则，最好也经过详细的讨论，允许不同立场的儿童充分地发表观点，让不同观点彼此对话。这个过程，也是说理过程，同时也是一种民主生活的过程。儿童可能一开始不会说理，但在老师的协助下，只要对话、说理反复进行、经常性地进行，就不一样了。一开始会觉得成本很高，与其七嘴八舌，不如一声令下——这样当下效率很高，却无形中剥夺了儿童说理的机会。

教学的过程，在很大程度上也是一个说理的过程。围绕着不同的问题，儿童需要思考和表达。教学不能变成一个让儿童接受现成答案的过程，一个机械的练习过程。

有一种错误的认识，把说理误解为一套逻辑程序，以为儿童掌握了逻辑程序，自然而然就会说理了。这是一种形式训练的观点，在现实中是行不通的。儿童缺乏说理能力，首先是对相关主题并不熟悉，或者不拥有就某些主题进行说理的背景知识。我们在自己熟悉的领域，说理能力就强；在自己不熟悉的领域，说理能力就弱。

举个例子，儿童之间因为琐事冲突，是非常常见的，也是老师经常要处理的。在这些冲突中，儿童面临的心智不成熟是相似的。例如：

1. 缺乏将事实与看法区分开来的自觉；

2. 缺乏站在对方角度思考问题的意识；

3. 缺乏对交往中边界感的清晰认知；

4. 缺乏一定的情绪管理能力；

5. 缺乏解决相关冲突的牢固的观念。

显然，这些方面要达到相对成熟，是需要大量实践的。不断地围绕着具体的冲突进行说理，这是发展理性的最好的方式。只有当说理成为一种生活方式的时候，讨论如何说理，才有积极的意义。所以一般说理总是会涉及三个方面：

1. 某个问题或主题；

2. 可能会用到的观念；

3. 说理方式。

问题或主题是变化中的；相关的观念是相对稳定的，是最终要建构的大概念；说理方式本质上是一套程序，能确保清晰地表达以及相互理解。说理方式往往是指说理时的逻辑形式，这里有一整套的相关知识。这些知识当然可以直接教授，就像大学里学习逻辑课，但是，意义非常有限。因为这是将相关知识变成了所谓的陈述性知识，而不是程序性知识或策略性知识。而这套程序，只有转化为默会知识，或者说，转化为一种自动化的思维方法，才是真正有用的。

二

在儿童一般的写作中，如果没有这种思维的自觉，很容易将本来在说理的内容抒情化，结果成了没有价值的美文。

这是在网络上随意选取的一篇文章，题目叫《宽容》：

生命的旅程中，风儿吹过，雨儿哭过，花儿笑过。也有好多不如意的事，拥有一颗宽容的心，一切的不如意就会像尘埃，风儿吹过，不留一丝痕迹。然而什么是宽容呢？

"海纳百川，有容乃大。"大海从不会鄙弃任何一条河流，也许它只是一条无名的小溪，大海也会敞开胸怀，拥抱它、亲吻它、微笑着欢迎它的到来。

宽容是对人格的尊重。也许身边的朋友对你做过一些错的事情，请不要放在心上。因为，他或许是出于无心，也或许是另有原因。不管他做错什么，都要去信任他，相信他没有骗过你，相信他是你真正的朋友。去谅解他的过失，换个角度去帮助他。也许身边的朋友有不好的缺点，请不要鄙弃他，用一颗宽容的心去容忍那些缺点，从另一个方面、从每一次说话和聊天的时候，聪明地用智慧劝诫他。真正的朋友总有一天会明白你的良苦用心，会感激你之前对他的宽容，也当然就会改正自己的缺点。因为在他的生命旅程中，他得到了尊重，得到了他人对他的信任。宽容的力量是无限的，宽容别人也是宽容自己。要知道，"世界上没有不长杂草的花园"。

宽容是需要我们有一种公正和理性的态度。当朋友与自己的联系变得越来越少、不再像从前那样关心你，请不要对他生气，找个适当的时间，彼此敞开心扉，给他一个解释的机会，认真聆听他的苦衷。不要再计较之前发生过的事情，因为那样也许只会让彼此的友谊破裂。

宽容是中华民族的传统的美德，但它也不同于无原则的退让。屈辱的中国近代史，让每个中国人都会为清政府的"宽容"而气愤。这种"宽容"让我们流了多少鲜血，让我们受了多少耻辱。这种"宽容"让我们成为外国人眼中的病夫，让我们的国家成为外国人眼中的一个颓废之国。真正的宽容要有原则，要让我们每个人保有自己的骨气。新中国成立后，我们不计较日本在甲午战争和抗日战争中对中国所做的一切，用宽容、博爱之心，伸出双手同日本建交。这种宽容真正地体现了一个文明古国拥有的美德、大气。

　　璀璨的星空因辽阔而让人留恋，浩瀚的海洋因壮阔而令人陶醉，宽容的阳光因为温暖而让每个人微笑面对一切。幸福穿梭在生命的旅途中。

粗看之下，觉得这篇文章可能写得不错，文从字顺，也是平时教学中老师提出的基本要求。但仔细琢磨，文章看似在说理，实际上却与说理没有太大的关系。

为什么？

首先，说理的主题，并不是来源于生活，不是在具体的场景中讨论说理，而是在抽象地讨论"宽容"这个主题。也就是说，文章并没有真正地去面对一个问题。假如我们增加一个场景呢？比如增加一个非常具体的问题：好朋友在别人面前说我坏话，我到底是跟他绝交好呢，还是宽容他？稍微改一下，立马就具体多了。也只有在具体的场景中，才能考查对主题的理解。

其次，说理的过程不讲逻辑。比如核心段落讲到三个所谓的"分论点"：

1. 宽容是对人格的尊重。

2. 宽容是需要我们有一种公正和理性的态度。

3. 宽容是中华民族的传统的美德，但它也不同于无原则的退让，真正的宽容是有原则的。

且不说这三个分论点，是不是能够支撑起"什么是宽容"这个问题，单说这三个分论点之间是什么样的逻辑关系？读者完全是一头雾水。

再次，说理的细节，或者说证据，也经不起推敲。比如清政府在面对异族入侵时的反应，是宽容吗？这完全是无稽之谈，是分不清软弱无能、愚昧落后与宽容之间的区别。在国与国之间，只有强者才配谈宽容。

最后，文章从开头到结尾，大量的积极修辞，尤其是抒情类比，这是说理的大忌。真正的说理，往往是一种消极修辞，即追求的是简明、连贯、得体，而不是比喻、拟人、排比。比如这些段落：

> 生命的旅程中，风儿吹过，雨儿哭过，花儿笑过。也有好多不如意的事，拥有一颗宽容的心，一切的不如意就会像尘埃，风儿吹过后，不留一丝痕迹。然而什么是宽容呢？

> "海纳百川，有容乃大。"大海从不会鄙弃任何一条河流，也许它只是一条无名的小溪，大海也会张开双手，拥抱它、亲吻它、微笑着欢迎它的到来。

> ……

> 璀璨的星空因辽阔而让人留恋，浩瀚的海洋因壮阔而令人陶醉，宽容的阳光因为温暖而让每个人微笑面对一切。幸福穿梭在生命的旅途中。

这些句子，跟说理没有太大关系，而且，还会妨碍说理。打个比方，假如是在公司里，老板问你，为什么这个月业绩下降了？你可能会说，有三个原因：一是环境的影响，导致了什么什么；二是淡季，影响了销售；三是原材料涨价。你不会跟老板说：生命的旅程中，有高峰也有低谷，有花开也有花落，有时如意有时不如意，花无百日红、人无千日好……因为这么说，老板可能很快让你走人了。

但这就是目前儿童说理写作的现状。所以，为说理立法，让儿童掌握一些说理方式，理解一些逻辑规则，是非常重要的。而且对儿童来讲，需要将这些逻辑规则进行简化。其实不只儿童，成人也需要简化的逻辑规则。金字塔原理，就是一套简化以后的法则。优点是简洁、清晰、好用。所以，在小学高段，将金字塔原理教给儿童，用以规范思维和表达，是非常有意义的。

那么，什么是金字塔原理？

金字塔原理作为一种逻辑方法广为人知，是源自曾在麦肯锡咨询公司工作过的芭芭拉·明托的作品《金字塔原理：思考、表达和解决问题的逻辑》。这是她根据在麦肯锡的工作经历总结出来的一项层次性、结构化的思考、沟通和写作的技术。

我们在前面讲过，写作的本质是思维。金字塔原理，就完成了思考、沟通和写作的同一，把它们的逻辑统一起来了，从而让思考、沟通和写作，变得更为清晰、更有纪律性，即所谓的"逻辑思考，清晰表达"。这是很了不起的。

金字塔原理非常具有简洁之美，可以用下面这张图来表示：

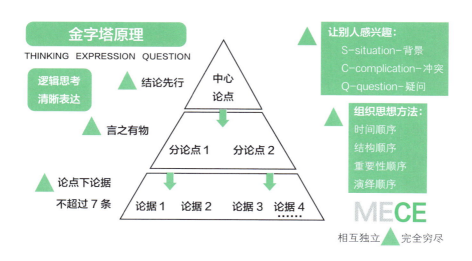

怎么理解这张图呢？

整体地讲，可以概括为四个要点：

1. 定义复杂问题，建立清晰的写作目标。

2. 评估文章所要表达的各层思想及其相对重要程度。

3. 使推理结构化，使论述更为连贯、透明。

4. 分析、确定论据的效用。

先看第一条："定义复杂问题，建立清晰的写作目标。"

这一条的核心是，当你要表达或写作的时候，你要清楚要讨论的问题、主题，或者要表达的观点。相当于你讲一节课，必须明白教学目标一样。这看似是一个简单的问题，其实没有那么简单。就像老师上课，往往以为明白教学目标，实际上并不明白一样。许多人——当然更包括儿童，在表达时，往往是跟着感觉走，核心观点或结论是不清晰的，缺乏一个定义问题、提出观点的过程。

比如说，如果我们面对这样一个问题，如何定义它：

> 男生，五年级，成绩中上。开学后经常不交作业，为了逃避作业各种撒谎，批评、找家长（家长会揍他）、留校，均没有用。作为老师，应该怎么解决这个问题？

我们可以有三种定义方式：第一种定义是"怎样让这个学生按时提交作业"；第二种定义是"怎样提升这个学生的学习动机"；第三种定义是"怎样帮助这个学生找到学习的意义乃至于生命的意义"。这三种定义方式都没有错，都属于正确的定义；但是，定义的深度，是不一样的。定义不一样，接下来的观点和相应的分析，就会非常不一样。在这里，至关重要的，是要学会用一句话来表述问题，或表达观点。

再看第二条："评估文章所要表达的各层思想及其相对重要程度。"

这一条的核心是，当你提出问题、主题或观点时，接下来要分条陈述或论证，每一层思想，或者说分论点，它们之间的相互关系是什么、重要程度如何，这是要进行评估的。这是一个对思想进行排序的过程。

比如，怎么解决前面讲到的经常不交作业的问题？可能会涉及四层思想：

- 关系建构：不只关心作业提交，更关心学生的情绪、情感。
- 习惯养成：用习惯养成技术，降低交作业的选择压力。
- 增强期待：通过形成成就感，来提升学生的学习积极性。
- 强化意义：通过谈心，帮助学生明白语数外学习对于未来的重大意义。

这四层思想不能相互重叠，要在同一个逻辑层面上。在表达时，还要进行排序。一般排序可以用时间、空间、心理以及逻辑顺序。在逻辑顺序中，有一种在说理中经常用到的顺序，即重要性顺序。可以按照从不重要到重要的顺序排列；也可以反过来，把最重要的思想放在最前面。这要根据实际情况来确定。

再看第三条："使推理结构化，使论述更为连贯、透明。"

这一条的核心，就是用刚才所说的逻辑排序，再使前面的表述连贯起来，易于理解。例如：

这位男生不交作业的根本原因，是随着进入青春期，自我意识觉醒，对生命意义的需要没有得到充分的满足，进而怀疑学习的意义，导致了学习动机障碍，不交作业就是表现之一。

当务之急，并不是催交作业，这样反而加剧对抗。而是在学习之外，要加强对人的关心，跟学生建立起情感链接，能够听到学生内心真实的声音。这种倾听，就容易让学生感觉到被理解，也让进一步的工作变得容易。

在此基础上，要重新评估学生的学科学习，用适度的挑战性激发他的挑战欲，通过帮助他不断地获得成就，增强从知识中获得的乐趣，逐渐强化内在动机。

当然，仅靠内在动机是不够的，学习毕竟是一件枯燥的事。所以，要将学科学习，与学生未来的志向联结起来，让他看到今天努力学习的意义。

最后，要确保学生在学习上稳定而长久地投入，包括提交作业，还需要帮助他建立良好的学习习惯和作业习惯。这些需要非常耐心地指导和跟进，而不是空讲道理。

当这样表述时，就清晰了许多。

再看第四条："分析、确定论据的效用。"

其实就是检查论据是不是支持论点。比如可能涉及：

1. 详细分析该学生在不同学科上作业的表现有什么不同。

2. 详细分析该学生平时应完成的作业与他的实际水平之间的关系，思考作业本身的效用。

3. 关于学生兴趣爱好以及未来职业偏好的交流证据。

4. 学生关于不交作业的解释。

要确保证据经得起质疑，让表达建立在坚实的事实和逻辑的支撑之上。

不妨举个例子，假如班里的同学讨论男生说脏话的问题，大家的观点不一，在自然状态下，可能是这样表达的：

甲方——

我觉得到底什么是脏话有时候很难界定，许多网络语言都可能被定义为脏话，人不能太玻璃心。男生之间有时候说脏话，也是一种沟通友谊的方式。大多数时候说脏话都是无心的。我觉得脏话说过头当然不好，毕竟凡事都有个界限。一味地打击所谓的说脏话，很可能让我们这些男生都没有办法说话了，因为一不留心，你说的话就可能被看成是脏话。本来现在学习压力就大，又没有多少宣泄的渠道。无论如何，管得太多并不好。

乙方——

　　经常说脏话，心理得有多阴暗啊。好好一个班级，当然得有自己的文化，男生也要有正气。你要考虑到女生的感受。当然，也要考虑到其他男生的感受，不是所有人都觉得说脏话很正常。在这个方面，班级里应该有一些规范、发起一些讨论，管一管这样的行为。我不是说语言一定要高大上，同学之间开玩笑很正常，但是，说什么话，你得考虑到别人的感受啊。别人的感受才是关键，而不是你的。你得尊重别人，尊重从学会好好说话开始。

这样听上去是很不清楚的。日常的许多讨论，就是这样进行的。那么，如何正确地表达或写作呢？

如果是表达观点，就需要：

1. 清晰地表明观点（尽可能一句话说清楚）。
2. 分条陈述，且用一定的顺序来表达。

这样，甲方的观点可以表述为：男生说脏话很正常，我认为没有必要大惊小怪。

分论点如下，用重要性顺序排列：

1. 在学业压力很大的情况下，说脏话是一种必要的宣泄，有助于缓解压力。
2. 脏话常常用于亲密人群之间，是朋友之间表达感情的一种方式。

3.脏话与非脏话并没有明显的界线，如果要干预的话，干预成本也非常高。

乙方的观点可以表述为：男生不应该说脏话。

分论点如下，用重要性顺序排列：

1.说脏话是不文明的现象，往往折射出讲话人的阴暗心理。

2.不同的人对脏话的接受度不同，说脏话让许多人感觉受到伤害。

3.一个班男生说脏话普遍，也说明班级文化存在严重的问题。

如果我们要把自己的观点，写成一篇文章呢？用自由写作的方式，表达自己的思考，则要遵循前面讲的四个步骤。

第一步，要按照 SCQA 模型来设计开头。

SCQA 模型

可以用这样的表述，每一段落（当然，实际写的时候，可能只有一段，包含了四层意思），代表这个模型的一个层次：

　　最近一段时间，班里的男生，说脏话成风。不但相互之间嘻嘻哈哈地说脏话，而且经常还向女生说脏话。

　　这种现象，在班里引发了很大的争议。男生和女生，不同的男生和不同的女生，对这件事情的看法产生了很大的分歧。

　　那么，到底怎么看待男生说脏话这件事呢？

　　我认为……

SCQA 模型的意义在哪儿？

如果是班级讨论，因为大家处在一个共同的语境中，可以直接表达观点。

但如果是写作呢？就需要把要讨论的问题放在背景中，而不能像前面那篇《宽容》一样，抽象地讨论。

第二步，要解决好论点与分论点之间的关系问题。这种关系，可以简要地概括为四句话：

1.结论先行：一篇文章的结构只支持一个思想，这个思想将概括各级各组思想。

2.以上统下：任何一个层次上的思想都必须是其下一层次思想的概括。

3.归类分组：每组中的思想都必须属于同一个范畴。

4.逻辑递进：每组中的思想都必须按照逻辑顺序组织。

如图：

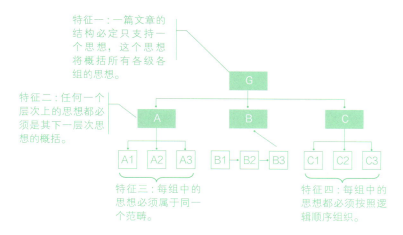

金字塔结构的四个基本特征

或者也可以简要地说：

1.只有一个中心思想放在最前面；

2.上对下总结概括，下对上解释支撑（父子关系）；

3. 把具有共同点的思想归类分组（兄弟关系）；

4. 按照逻辑顺序组织素材（演绎推理、归纳推理，时间顺序、空间 / 结构顺序、重要性顺序）。

如图：

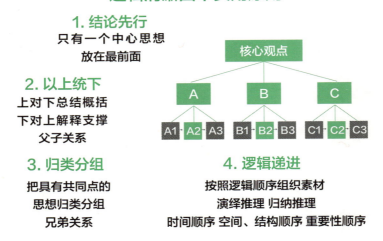

在"父子关系"和"兄弟关系"中，遵循一个原则，叫"完全穷尽，互不重叠"。即"父子关系"中，要完全穷尽，主要的"儿子"都要罗列出来；在"兄弟关系"中，要"互不重叠"，相互之间不能够重复或部分重复。

这两步是关键。这两步到位了，后面检查论据，以及让文章保持连贯，相对就容易。

总结一下说理表达的基本流程：

1. 说理文要交代背景，并与读者建立起情感联系（你在什么情景下表达这个观点的？你的读者为什么要阅读它？）；

2. 界定清楚你的问题（在这个背景下，产生了什么冲突？如何概括这个问题？）；

3. 简明扼要地概括你的观点（尽量用一句话清晰地表达）；

4. 对你的观点进行论述（在可能的情况下，遵循事不过三的原则；并确保论点之间遵循"相互独立，完全穷尽"的原则）；

5. 论据应与论点保持一致（要检查你的论据是否经得起推敲）；

6. 重复问题及论点（照应全文，也可延伸进行号召）。

儿童对这个基本的流程，应该有一个基本的掌握。掌握以后，当然可以任意地变化顺序，或者增删一些环节，随心所欲而不逾矩。这个流程，或者说金字塔原理，提供的只是一个思想框架。

五

我们不只是教儿童掌握金字塔原理，我们在自己的生活和教育教学中，也应该自觉地运用，使之成为自己思考、表达和写作的一种自觉，这是最重要的。如果做不到这一点，就很难真正地训练儿童的思维。

我们面临的困境，和儿童是类似的。比如儿童在进行说理类自由写作时，会有三个困境：

1. 话题缺乏真实情境，难以刺激儿童的思考和写作动机。

2. 儿童缺乏相关领域的知识和概念，难以进行深度思考。

3. 儿童缺乏思考和表达的训练，无法有秩序地组织思想和语言。

好的话题从哪里来？之前讲过，我们至少可以从以下几方面设计话题：

1. 社会热点事件

2. 班级重大事件

3.教学（例如教材和整本书共读）中遇到的冲突问题

4.学生个人生活中面临的冲突

5.经典两难问题

例如语文教材中，有许多可以用来说理的材料：

1.《草船借箭》中的鲁肃，是不是一个叛徒？

2.《田忌赛马》中，田忌是不是违反了规则？

3.《精卫填海》中的精卫，到底是一个锲而不舍的英雄，还是一个不自量力的神经？

4.《落花生》中，父亲说要做像落花生一样的人，不好看但实用，为什么不能像苹果、桃子和石榴一样，挂在枝头、既好看又实用呢？

整本书共读，也可以用于说理类的自由写作：

1.小王子离开玫瑰，是谁的过错？

2.为什么桑乔说，杜小康可能是未来油麻地最有出息的人？

3.你认为，萨哈拉最终完成转变，是由哪些原因促成的？

4.在西天取经的队伍中，谁是最重要的角色，为什么？

再举个例子。郑州一名高中历史老师，在上网课期间，课堂多次遭遇不明身份人员入侵。这些人在课堂上播放各种音乐、发各种图片，整个课堂被严重骚扰。据说，这种现象已经持续一段时间了。这位老师近期一人在家居住。因为两天未上课，学校联系老师丈夫，丈夫回家才知道这位老师已经猝死家中，而她之前并没有心脏病。从学生和她丈夫的讲述看，这位老师死因疑似与网课入侵相关。

说理文话题可以如此设计：

老师之死，谁应该负责？有人说，是网课遭入侵造成的，必须严惩罪犯，保护老师安全；有人说，面对网络骚扰，老师要增强自身心理建设和应对水平，不能玻璃心。你怎么看待这件事情？

如果是老师来写，要如何思考和表达？
这是魏亚妮老师的一篇文章：

1

这两天，看到两则消息，都和成年人被攻击有关。

一则是郑州一名高中历史老师，在上网课期间，课堂多次遭遇不明身份人员入侵。这些人在课堂上播放各种音乐、发各种图片，整个课堂被严重骚扰。据说，这种现象已经持续一段时间了。

这位老师近期一人在家居住。因为两天未上课，学校联系老师丈夫，丈夫回家才知道这位老师已经猝死家中，而她之前并没有心脏病。

从学生和她丈夫的讲述看，这位老师死因疑似与网课遭入侵相关。据说，警方正在调查中。

2

第二则消息，是东方甄选的主播董宇辉被人当众泼水。

据说，董宇辉近期去某地参加一个活动，周围粉丝众多。突然人群中冲出一名女子，往董宇辉身上泼矿泉水。泼水原因不明。

董宇辉报警，警方带走这名女子。据说董宇辉告诉警察，批评处理然后就让她走吧，不要过度为难她，希望把影响降到最低。

3

很多人都知道，董宇辉曾经的身份是新东方的英语老师。

也就是说，这是两个老师面对攻击的故事。

被学生、家长、不明身份或者隐藏身份的人指责、谩骂、攻击，应该有不少老师经历过。

我今天只想从客观的角度分析，怎么看待和处理这个问题。

4

如果是一般人，面对攻击，你可能有三种处理态度：恐惧、愤怒、悲悯。

对方外形、权力、势力比你强大，你可能就会恐惧。

你担心自己被伤害，害怕自己在这种攻击下难以生活，甚至担心更多的人攻击你。

对方外形、权力、势力比你弱小，你可能会愤怒。

他竟然这样对我？他怎么能这样对我？

接着，有可能你会用同样的甚至更有力的方式反击。

什么时候你会悲悯呢？看到对方骨子里的无聊、无知、无耻之后。

对这样的一个人，你和他计较什么？难道就没有更值得你付出身心的事情吗？

选择悲悯的，是内心强大的人。

5

这位历史老师，感到的是愤怒。但是，她愤怒后，却没有回击对方，而是自己生气。

她攻击的，是自己。

老师何以这般无力？原因有三：

一是站在讲台上的老师，长时间面对坐着的学生，在心理上比一般人会更多一些自恋。

老师认为自己在传道授业解惑，常常高估自己对学生的影响力，也以为自己比学生强大。

不光老师这么看，有很多看不清的人，也误以为老师有神奇的本领，自己管不了的娃让老师来调教。"娃不听我的，就听老师你的。老师你管管吧。"几乎每个老师都听家长这么说过。

二是对学生之恶，很多人（包括学生自己）往往小看或者低看了。

老师的特殊身份，让他们对这种恶，不但疏于防范，甚至还幻想自己能劝化，对有恶言恶行的人有不切实际的转化期待。

三是老师经常被道德绑架。

不少老师有过这样的经历。你与某人发生了什么争执，或者你言辞激烈时，马上会有人说"你还是个老师呢""你是个老师，你就应该如何如何""你说了这个话，我要去告你，我要曝光你"。

你以为你在教学生做人，你在监督学生呢，殊不知，你可能被更多的人监督和教导你做人呢。

在这种语境驯化中，老师们更加看重自己的"面子"。太看重"面子"，就会被要挟，就会"秀才遇到兵，有理说不清"。

拙于应对的老师，就成了"酸腐""古板"的代名词，"穷且有礼貌"也成了近几年老师的新标签。

这样的老师，肯定是缺少自卫能力的。

6

那老师该怎么办？

我们分析下曾经的老师、今天也被挑衅和攻击的主播董宇辉的做法。

他首先借用外力来控场。

他的第一个控场行为是报警。

虽然对方在体力上不一定比得上自己，但他没有自恋到以为自己可以直接阻止。他用一个公民正常的手段，借助公权力保护自己，也间接阻止了对方。这是他认清自己后的主动作为。

第二个控场行为是告诉警察批评教育即可。

对对方接下来的境遇和整个事态，他继续用原谅的方式控场。

其次，他选择了悲悯。

原谅对方不是因为恐惧，是因为他看到了对方的虚弱。这种人，犯不着花精力去计较。

控场和悲悯，就是董宇辉的强大。

郑州这位老师的遭遇，让人同情，尤需更多的老师思考。

从这里，我们可以看到一种结构：

1. 现象：两则消息，都与成年人被攻击有关。
2. 冲突：遇到这种现象，怎么办？
3. 常见回应：一般人面对冲突的三种反应——恐惧、愤怒、悲悯。
4. 错误回应：这位历史老师是怎么回应的——恐惧、愤怒。
5. 正确回应：董宇辉是怎么回应的——悲悯。
6. 结论：许多老师采用了有效的回应，更多的老师应该练习这种回应。

可以用一张图来表示：

文章写得很简洁。魏老师的文章是日更，就是说，她的思考已经框架化了，所以写文章的速度就相应地变快了。

上面介绍了金字塔原理，似乎很简单，实际训练起来，仍然问题很多。除了前面所说的话题设计外，最大的难题，就在于儿童思考能力低下，严重匮乏用来思考的深度观念。

什么意思呢？

当儿童要对一件事进行深度思考时，最难的不是金字塔原理这种形式，而是儿童很难真正地深度思考。因为深度思考是以具备相关的有一定深度的观念作为前提的；而这些观念，在应试教育的背景下，非常难以获得。

这些观念从何获得？

仍然是大量的阅读，尤其是深度的阅读；仍然是充满思辨的课堂，以及有一定深度和长度的课程。而儿童的困难，是成人的困难的折射。如果教师的思维是单调贫乏的，儿童的思维必然也是单调贫乏的。所以，教师的多读多写、深读深写，是非常重要的。

纵然如此，金字塔结构的意义仍然是巨大的。因为它是一种标准、一种尺度，提醒我们要朝哪个方向去思考，至少让我们意识到了自己并没有想清楚要表达什么以及如何表达。久之，会倒逼我们去阅读、去深入思考，通过不断的表达，最终刺激了思考。

无论如何，要在公民训练的高度，去理解说理训练的意义，以及金字塔原理在说理训练中的地位。而这种训练不只是针对儿童的，也是，或者首先是针对教师自身的。

评论写作：如何搭建评论类写作的模型？

叙事和说理，是写作训练两种最基础的模型。在说理模型中，金字塔原理，是最为简洁的搭建说理模型的方法。其他更为复杂的说理，都是从这个模型演化而来。今天讲的评论类写作的模型，本质上就是对金字塔模型的运用。

评论写作，是说理写作中的一个类型，但自身，也包含了不同的类型。例如：

1. 读后感
2. 文学评论
3. 时事评论
4. 电影评论
……

无论是哪一种，评论类写作，背后都有一个模型的逻辑，可以用四句话来表达：

1. 现象：看到了什么？
2. 观点与感受：引发了怎样的认识与情感？
3. 展开：具体是怎样想的？

4.关联：这样想有什么意义？

这个逻辑很容易理解。比如我们读到一本小说，我们从小说中看到了什么？需要做一个描述。你不可能从小说中看到一切，你只能基于你原有的经验和体验，看到小说中的一部分，尤其是与你的体验高度相关的部分，这是你看到的。那么，你看到的部分，引发了你怎样的情感和思考？这是要集中表达的。评论类写作的核心，就是把这一部分具体化，让读者看到。你为什么会看到这些内容，触发这样的情感？这些部分对你或读者来说，有什么意义？你需要进行总结和拓展，或者将这些内容与当下的生命生活关联起来，这就是意义。

一

"看到了什么？"构成了文章的第一部分。那么，这一部分应该怎么来写？

在评论写作中，显然，你要对评论的对象或内容，进行必要的复述、综述或转述。那么，怎样复述、综述或转述？就是写作者要思考的第一个问题。

大家首先思考一下：当我们评论一本书的时候，复制一下这本书的故事梗概，放在文章的开头，好不好？

肯定不好。为什么？

因为文章的四个部分之间是有关联的，是一个有机整体。后面的认识与情感，一定是被这本书中的某些内容触发的。所以，前面的复述、综述或转述，就必须跟要表达的认识或情感高相关，是有针对性的表达，而不能泛泛而谈、抽象表达。

以《丑小鸭》的评论为例，我试拟几个开头，大家比较一下。

开头一：

丹麦作家安徒生的童话《丑小鸭》可谓家喻户晓,《丑小鸭》讲了一个出生在鸭群里的丑小鸭，如何在经历了从被排挤到主动抗争的过程后成为白天鹅的故事，打动过无数的小读者。

书中有一处细节这样说："如果你是一只天鹅蛋，就算是生在养鸭场里也没有关系。"

开头二：

丹麦作家安徒生的童话《丑小鸭》可谓家喻户晓，《丑小鸭》讲了一个出生在鸭群里的丑小鸭，如何在经历了从被排挤到主动抗争的过程后成为白天鹅的故事，打动过无数的小读者。

丑小鸭的成长是很不容易的，是被侮辱和被损害的一生。它被鸭群和鸡群驱逐，甚至被家人遗弃，差点被猎狗咬，在冬天险些被冻死……不过，最让我感觉到惊心动魄的，却是最不危险的一个时刻，就是他离开了温暖的农家小屋。

开头三：

《丑小鸭》讲述了一个乡下孩子丑小鸭，因为长得不合群，而被欺凌和驱逐，最终完成自我超越的故事。"又大又丑"，这是丑小鸭被欺凌的核心原因。这一欺凌惨剧有一个高潮，就是他的兄弟姐妹也开始排斥他。高潮中的高潮，是他的妈妈也说："我希望你走远些！"

开头一为什么要那样写？因为接下来文章提出来的问题是：原来我们的丑小鸭，是一只天鹅蛋孵化而成的。那么，这是不是意味着，丑小鸭实际上根本不用受那么多的苦，它只要熬过冬天，就自然而然地会长成白天鹅？所以在开头一的第二段，转述就非常有针对性，甚至直接引用了原文。

开头二为什么要那样写？因为接下来的观点是：丑小鸭为什么会离开农家小屋呢？在我看来，离开农家小屋，才是丑小鸭成长的开端，所以开头二的第二段，才重点讲离开农家小屋。而离开农家小屋的意义，又必须结合前面被驱逐的经历才能深刻讨论，所以被驱逐的经历，也要讲一笔。但丑小鸭变成白天鹅的部分，就没有必要写。

开头三为什么要那样写？因为接下来文章提出来的问题是：由此可见，认为丑小鸭丑，甚至应该被驱逐，不是少数恶人的迫害，而是一个社群的共同认识。那么，这个认识是如何发生的？所以在开头三的后半部分，就重点讲妈妈和兄弟姐妹对他的排斥。

就是说，开头部分的复述、综述或转述，必须与文章的中心高相关，是后面重点要分析的现象。文章的中心不同，复述、综述或转述，自然就不一样了。

那么，开头一和开头二的第一段，以及开头三的前面部分，又为什么非常相似，甚至有时是完全相同的？因为第二段或后半部分，描述的是跟认识和情感高相关的现象，而对整本书的综述或概述，则是这一现象的背景。也就是说，第一部分，本质上是由背景和焦点两部分组成。你要讨论书中的某个细节或某个部分，先要让读者知道，这些细节或部分，属于哪个整体。纵然如此，有时候背景的综述，也与要表达的认识与情感有一种微妙的呼应。所以，开头三与开头一以及开头二的综述，又有差异。

还有些时候，根本不需要背景，第一段可以直接删除，直接说："在《丑小鸭》中，有这样一个细节……"为什么可以这样写？这样写的时候，就默认了读者对象全都读过《丑小鸭》，共同的背景是在阅读之前已经有了的，作者和读者已置身于共同的语境中。

此外，一般情况下，还要注意控制开头的篇幅，以简洁恰当为宜，尽量避免过多不必要的交代；否则，文章会非常累赘、头重脚轻。显然，这对概括能力是有一定要求的。

简要地概括一下这部分的观点：

1. 开头必须简洁；

2. 要用"背景＋焦点"的结构去架构；

3. 焦点（重点情节、人物或细节）必须与文章的中心高相关。

二

"引发了怎样的认识与情感"，或者说，提出了怎样的问题或观点，这是第二部分。对问题进行分析或解答，对观点展开论证，这是第三部分。这两部分，是文章的主体部分。

第二部分有三种方式。

1. 提出问题。例如：原来我们的丑小鸭，是一只天鹅蛋孵化而成的。那么，这是不是意味着，丑小鸭实际上根本不用受那么多的苦，他只要熬过冬天，就自然而然地会长成白天鹅？

2. 表达观点。例如：认为丑小鸭丑，甚至应该被驱逐，不是少数恶人的迫害，而是一个社群的共同认识。

3. "问题＋观点"。例如：丑小鸭为什么会离开农家小屋呢？在我看来，离开农家小屋，才是丑小鸭成长的开端。

而问题，是从现象中的冲突中来的。例如：

冲突——当我们在为丑小鸭的命运而担忧或雀跃时，却忘记了一个根本的信息：丑小鸭本来就是天鹅蛋孵化出来的！它原本就不是一只鸭子！

问题——那么，《丑小鸭》中的奋斗谎言，是不是就破产了呢？毕竟，一只鸭蛋，再怎么努力，也无法成为白天鹅啊！而天鹅蛋，哪怕一直躺平，也注定会长成天鹅。

101

观点——实际上，这是对童话的误读。《丑小鸭》不是讲出身决定论，而是恰恰表明，一颗鸭蛋，也能飞出一只白天鹅。

怎样架构文章的主体部分？
在这里，有两个要点：

1. 三的原则；
2. 四种顺序。

什么叫"三的原则"？

大家会注意到，三是一个很神奇的数字：刘备三顾茅庐，诸葛亮三气周瑜，梁山好汉三打祝家庄，宋江三败高俅，孙悟空三打白骨精、三借芭蕉扇、三探无底洞，刘姥姥三进大观园，白雪公主被继母害了三次，灰姑娘三次从舞会上逃开，卖火柴的小女孩三次擦亮火柴，三个女人一台戏。

为什么"三"很神奇？

"三"是故事的基本节奏。主人公处于平衡的 A 状态，遭遇了问题，被打到了失衡的 B 状态，通过努力又恢复了平衡，达到了 C 状态。C 状态是一种更好的 A 状态。这种转化是一种螺旋，用哲学上的表达，叫"正—反—合"；用怀特海的表达，也可以叫"浪漫—精确—综合"。"三"也是最佳的重复次数，两次不够，来不及形成鲜明的印象；四次又太多，令人厌倦。因为大脑真正能记住的，印象最深刻的，是三；以往讲记忆容量，说的是七，有人多两个，有人少两个。但实际上是五，有人少两个，是三；有人多两个，是七。所以，"三"是最恰当的重复次数，给人以安全感。而"三"所包含的转折变化，又满足了大脑对新奇性的需要。总而言之，"三"作为一种节奏长度，在安全感和新异性之间达到了最佳平衡，是大脑最喜欢、最容易接受的一种方式。

在评论写作中，"三的原则"，就是指在回答问题或阐释观点时，要从三个方面，或者三个层次来讲。三个方面的关系，可以是并列的、递进的、逆转的。
例如：

1. 首先，其次，最后；
2. 有人认为，但是，当然；
3. 原因一，原因二，但是。

比如"丑小鸭是怎样变成白天鹅的"这个问题，就可以有不同的表述：
回答一：

　　　首先，他有一颗朝向天鹅的心。
　　　其次，他在关键时刻，做出了关键选择。
　　　最后，他始终没有放弃，将愿望付诸行动。

回答二：

　　　有人认为，他本来就是天鹅蛋，不用努力也可以变成白天鹅。
　　　但是，这是对童话的误解。在童话中，天鹅蛋只是一个象征。
　　　当然，仅有愿望是不够的，还必须付诸行动，丑小鸭做到了。

回答三：

　　　原因一，是他拥有一颗高贵的心，即所谓的"天鹅蛋"。
　　　原因二，是他不仅有愿望，还付诸行动。
　　　但是，有愿望，付出行动，并不代表一定能够成为天鹅。

用"三的原则"去写，就容易写得很充分、很全面，但不啰嗦，给人印象深刻，也方便记忆和理解。

三

"四种顺序"，主要是指时间顺序、空间顺序、逻辑顺序和重要性顺序。

这里的"顺序"，其实指的就是结构，是前面所讲的"三"的排列方式。本质上，顺序只有一种，就是逻辑顺序。所谓的时间顺序、空间顺序、重要性顺序，本质上都是逻辑顺序。把时间、空间和重要性单独列出来，是因为它们比较常见。

比如我们在写《丑小鸭》的评论时，可以按时间顺序来写，从出生讲到变成天鹅；也可以按空间顺序来写，写在不同的地点的遭遇；还可以按照逻辑顺序或重要性顺序来写。

例一：时间顺序

人生即选择，选择即命运。丑小鸭的成长经历充满了曲折，也充满了选择。……

出生后，从养鸭场到养鸡场再到沼泽地，丑小鸭的命运，就是被打击和被驱逐，与其说选择，不如说被选择。……

农家小屋是丑小鸭生命中的关键转机，也是丑小鸭的第一次主动选择。……

经历了许多磨难后，春天终于来了，丑小鸭再次看到了天鹅，他是应该逃走呢，还是勇敢地游向他们？他又一次面临选择……

例二：空间顺序

在丑小鸭的成长过程中，不同的地方，对他的意义是不一样的。

养鸭场，一定是他印象特别深刻的地方，也是他首次被孤立排斥的地方，甚至连自己的兄弟姐妹甚至妈妈也排斥他。

农家小屋，是丑小鸭命运的转折点。在这里，天鹅蛋开始破壳，丑小鸭第一次认真地思考"我是谁"，并做出了关键选择。

花园，是丑小鸭的庆典地点。在这里，丑小鸭修成正果，成了一只真正的天鹅，而且是所有天鹅中最美的那只。

例三：逻辑顺序

所谓的自卑，就是一个人对自己的消极看法。问题是，丑小鸭对自己的消极看法，究竟是如何形成的？

起因，是丑小鸭生下来和其他鸭子不一样，体形是比较大的。……

那么，我们如何看待体形大这个事实呢？这究竟是一个特点，还是一个缺点？不幸的是，养鸭场和养鸡场，从领导到群众，都有一个共同的认识……

如果仅仅是外部的消极评价，并不足以改变一个人的自我认知；问题是，当一个人缺乏足够强大的内心力量时，外部的标准，将转化为内在的标准，他人对你的看法，最终会转化为你对自己的看法。……

例四：重要性顺序

丑小鸭为什么会变成白天鹅？原因是多方面的。

最重要的是，他拥有一颗高贵的心，这从农家小屋时，他倾诉自己的心声就可以看出来。

其次，他始终没有放弃，甚至在寒冷的冬天里。

最后，他还是谦卑的，向天鹅俯首，成为天鹅后也没有骄傲。这正是天鹅的特征之一。

当然，还可以将任意两种或几种顺序结合起来。比如：

> 丑小鸭的一生，由三个阶段组成。
> 第一个阶段，是到农家小屋之前。在这一时期，他分别在出生地、养鸭场、沼泽地待过……
> 第二个阶段，是从农家小屋开始到成为天鹅之前的时期，是命运的转折点。在这一时期，他选择了离开农家小屋，并差点死在了冬天。
> 第三个阶段，是春天来临时，他成为白天鹅的前后。

在这里，时间顺序和空间顺序被结合起来了。

当然，无论是"三的原则"，还是"四种顺序"，本质上都是一种处理思想主题的外部形式。这些形式在具体的思想主题中如何使用，是要依据思想主题的性质和表达目的而定，这正是写作的智慧所在。好的作者，能够灵活地运用恰当的形式。

一旦理解了内在原理，就可以自由变化。比如：我写两点行不行？一点行不行？四点行不行？五点行不行？当然可以。规矩是用来打破的。但规矩的重要性在于，它提供了一种参照、一种规范。规矩是用来成就人、让人自由的，不能最终变成僵化的绳索。

运用"三的原则"和"四种顺序"，能够让结构变清晰。在这个基础上，再研究连贯问题，比如中心句、关键语句以及连接词的运用，文章就会越来越成熟。

四

"这样想有什么意义"，构成了文章的第四部分，这部分的功能有：

1. 总结：得出结论或重申观点，表达情感。
2. 延伸：由此生发或拓展。
3. 与生命贯通。

怎样总结？举个例子：

> 丑小鸭的经历充分地证明了，社会对一个人的负面评价，是如何塑造一个人，让他变得自卑的。要避免或摆脱自卑情结，需要所有人的共同努力。

怎样延伸？举个例子：

> 可以想象的是，在我们的生活中，有无数像丑小鸭这样的孩子，在经受着他人的未曾意识到的诅咒，正在成长为一个个有自卑情结的成人。所以，创造一个宽容的社会，一个对各种特质足够包容的社会，何其重要！

怎样与生命贯通？举个例子：

> 我也曾是一个有自卑情结的人，或许现在仍然是。但是，正是无数像丑小鸭这样的故事，给了我超越的勇气。所有的成长都需要帮助者，而丑小鸭的经历中是没有帮助者的，就像残酷的生活。当我们面对这样的命运，

每个人都要向内寻求，找到自己的"天鹅蛋"或"天鹅基因"。因为最终让我们完成超越的，不是他人的认可，而是内在的热爱与坚持不懈。

如果说，面对一个现象（生活现象或文本），我们表达观点与感受，并详细说明，这是一个关于"是什么"的问题的探索，那么这一部分，则是一个对"为什么"问题的回应。一件事引发了我的思考，一本书打动了我，一定是因为它跟我的存在本身发生了关联。否则，我为什么关心它？而与存在的关联，就是意义，关联越广泛和深刻，意义就越为重大。

哪怕在同一本书中，每个人的触动点可能都不一样，因为每个人的个性风格、关注的焦点、原有经验不同。如果缺乏了这一部分，我们就找不到去思考和评论一个对象的理由。这就有点像谈恋爱，当你喜欢一个人的时候，就会想要去了解他，喜欢得越深，了解他的渴望越强烈，了解得往往也就越多。一个跟你毫不相干的人，他哪怕拥有传奇的人生，你也未必有了解的兴趣。

最后，我们再看一个老师运用金字塔原理自我训练后写的关于《丑小鸭》的文章。

当丑小鸭遭遇白天鹅

方娇艳

许多年以后：
林子里有两条路，我——
选择了行人稀少的那一条
它改变了我的一生。

——罗伯特·弗罗斯特《未选择的路》

《丑小鸭》是安徒生的童话中最脍炙人口的一篇，而丑小鸭的成长经历之跌宕与辛酸，也令读者无不唏嘘。丑小鸭生于鸭群中，因其长相迥异于周遭，而遭受了包括鸭妈妈、兄弟姐妹和其他动物的排斥和驱逐。为了生存，他仓皇逃跑，流离失所；而在逃亡中，他宿命似的遭遇了高贵而美丽的白天鹅。这样的遭遇，改写了他的一生——经历严冬的考验，他自己竟也成为湖面上最年轻、美丽的天鹅！

经典的童话故事中，总是蕴含着耐人寻味的象征。而丑小鸭"遭遇"白天鹅，究竟意味着什么呢？

在我看来，丑小鸭遭遇白天鹅，便意味着他自觉走上了一条寻找自我、超越自我和成为自我的英雄旅程。

在整个故事中，丑小鸭三次遭遇白天鹅。

第一次遭遇白天鹅时，他在美与丑的尖锐对比中，开始审视和寻找自我。在此之前，丑小鸭因为"又大又丑"而与环境格格不入，并受尽了欺侮、排挤和讥笑！经历这一次次内心重创，他也认为自己丑得连小鸟和狗都远离他，因而卑微到尘埃中。而当他看到天鹅时，他瞬间为这美丽光亮的鸟儿而感到兴奋！可怜的丑小鸭，第一次看见这样美的东西，一面感到前所未有的幸福，一面又为自己的丑陋而愈加自卑。但这次不同，被天鹅的美深深击中的他，终于找到了心中的完美。是的，他无法成为农场的鸭子，也无法苟同于母鸡和猫，但他向往着天鹅那高贵的美！

正是这次遭遇，让他从旧的卑微的自我中苏醒，而怀揣着更高更美好的自我。

第二次遭遇白天鹅，他终于打破自卑的抑制，而向着他所憧憬的自我奋力游去。经历了严冬的考验，他在春天的湖面上再次遭遇美丽的天鹅们。虽然天鹅的梦想对他来说似乎遥不可及，但内心强烈的渴望，给了他巨大的勇气，使他再也按捺不住，终于奋不顾身："我要飞向他们，飞向这些高贵的鸟儿！可是他们会把我弄死的，因为我是这样地丑……不过这没有什么关系！被他们杀死，要比被鸭子咬、被鸡群啄、被看管养鸡场的那个女佣人踢和在冬天受苦好得多！"当一个人已经被美好而伟大的事物击中，为之兴奋而着迷时，他的灵魂便被整个儿唤醒，对于他而言，怎会再屈身于蝇营狗苟和悲惨的现实？小美人鱼如此，丑小鸭也一样。丑小鸭那因为历经苦难、不幸而日益坚强的内心，那因为美而丰盈的理想，推动着他不顾一切地向天鹅——那他所憧憬的更高的自我游去，纵然只是"寻死"——不，他更像是为理想的自我而奋勇的殉道者。古往今来，那些舍身而成仁、铁肩担道义者，如苏格拉底、文天祥、董存瑞者，不尽皆如此？

而最后一次，他竟看见了自己在湖面上的天鹅倒影——他终于成为他所向往的自我——美丽和高贵的天鹅！这样的幸福似乎来得太突然，但又是自然的——正是过去他所经受的不幸的苦难，正是一次次流离、逃窜、晕厥、绝望，正是他根植于身上的天鹅的基因，以及他内心因苦难而磨砺的顽强意志和勇气，使他最终涅槃重生！最可贵的是，他的心中，只有幸福而没有骄傲，因为他成了一只拥有着真正高贵的心的天鹅，和美的化身——像他看见的那些天鹅一样。

丑小鸭的成长，是一条折射所有普通人命运的平凡之路。在这条道路上，丑小鸭因为数度遭遇天鹅而深为感召，并自觉地走上了寻找、超越和成为自我的英雄历程。平凡还是伟大，也许就在我们对命运中一次次遭遇的选择之间。遭遇了天鹅，丑小鸭选择了朝向美好、奋不顾身。而回想起我自己平凡的人生，也曾在童年时，因为与书的相遇而改写。正如丑小鸭苦尽甘来后，那对苦难和不幸的深切怀念和感恩一样，我也感激与书籍的遭遇，使我成为一名朝向卓越和幸福迈进的人民教师。因为美好而伟大的事物总蕴含着这样的魅力：它令人兴奋、着迷，并推动着我们，从此走上一条认识并扩大自我的壮阔的生命之旅。

让我以电影《无问西东》中的一番话来结束吧：

愿你在被打击时，记起你的珍贵，抵抗恶意。

愿你在迷茫时，坚信你的珍贵，

爱你所爱，行你所行，听从你心，无问西东。

对这篇文章，讲师是这样评价的：

文章堪称范文。完全符合规范，并且语言干净、润泽、优美，饱含激情。那么，局限在哪儿？

在于入格难，出格更难。一旦入格，就进入了新的舒适区，并且会有成就感；但是，要再出格（走出农家小屋），就非得自我否定不可。

入格至自动化，焦点就不再在格上。除非刻意地破格，或陌生化。

一是理解的深入，深入至接近原型。三次遭遇白天鹅的意义究竟是什么？要进一步挖掘。

第一次，是播下了美的种子（愿望／朝向）。在瞬间，被天鹅照亮，潜意识里的声音："这就是我想要成为的样子！"并且，油然而生一种自卑。但是，这种自卑，与排挤下的自卑，不是一个概念，是"登高者必自卑"的"自卑"。

第二次，是一生只唱一首歌的决绝与努力。如果说，前面是"春日游，杏花吹满头。陌上谁家年少，足风流？"那么，这一次，则是"妾拟将身嫁与，纵被无情弃，不能羞！"愿望只是种子，是召唤。可是，"听到召唤者众，成为选民者少"。最终，还需要有奋不顾身，有全力以赴、有纵身一跃。

第三次，是在道路的尽头，遭遇另一个自己（完美的、完善的、可能的、更好的）。就像泰戈尔所说的：人要到外面到处漂流，最后才能回到最深的内殿。那些最深的内殿，就是自我深处，是我们的自性，或者说自由。当我们自由时，我们是白天鹅；当我们不自由时，我们是丑小鸭。

之所以引用这些，是想说明，所有的故事，本质上都是同一个故事，反映的是相同的洞察。

你也可以用王国维的人生三境界说来比喻：

昨夜西风凋碧树，独上高楼，望尽天涯路。

衣带渐宽终不悔，为伊消得人憔悴。

蓦然回首，那人却在，灯火阑珊处。

是的，岁月的尽头，幽暗的灯火下，站着未来的自己。

二是行文的风格化，就是有意破格，不按套路出牌。留个悬念，自己思考。

很显然，在真正掌握了这里所讲的原则之后，写作就要试着打破框架套路，以便让表达获得进一步的解放，甚至焕发光彩。

这，就是评论写作的更高境界了。

摘录与综述：一种新的读书笔记写作

一

古人云，不动笔墨不读书。这话有一定的道理。因为在古代，书籍并不多，能花时间读的，基本上都是经典。而经典适合细读，细读不只是读，动动笔，做一些批注，确实是非常好的读书方法。但到了现在，大部分的书籍，都不值得一字一句地读完，更不用讲动笔了。

但毕竟还是有一些书籍，是值得动笔的。甚至只有通过动笔，才可能有更大的收获。动笔的形式，无非是这几种：

1. 勾画与摘录：画出有价值的句段，或把要点摘录下来；
2. 批注：遇到引发感想或思考的地方，做一些解释、延伸、对话；
3. 综述：对书中的部分内容或全部要点，用自己的语言重新整理组织；
4. 评论：写完整的文章或片段，对书籍进行评论。

许多人提到读书笔记，第一反应，往往是"读后感"。我用"评论"来取代了"读后感"，因为"读后感"这个概念，本身就不是一个专业的概念，或者说，不是一种严谨的文体；而是学校在不清楚怎样指导儿童阅读的情况下制造出来的一种文体，是一种随感，缺乏确切的文体规定性。

我们不妨随手从网上复制一篇读后感：

高尔基曾说过："书籍是人类进步的阶梯，书是人类智慧的结晶，是思想的火花，它让我们扩展了知识，让我们提高了阅读水平。"

《童年》是高尔基的著作之一，这本书记载了他的童年和少年生活，让我看到了他童年时的苦难。书中对外祖母描绘得生动形象，正是外祖母给少年时的高尔基带来了良好的影响，让他成为一个坚强而又善良的人。

书中的第一章就让读者感到有些悲痛，高尔基的父亲去世了，文章中用了细节描写，表明父亲去世对家庭的影响巨大。父亲就这样永远离开了他，可年幼的高尔基并不明白其中的"离开"有什么含义。

他和外祖母外祖父住在一起，外祖母十分和蔼慈祥，而外祖父恰好相反，贪婪冷酷。在"残暴的外祖父"这一章，高尔基重点描述了外祖父生气的样子十分可怕。高尔基被打后，他十分憎恨外祖父，甚至想要报复，反踹外祖父一脚。但后来外祖父为他所做的行为道歉，并借此教高尔基人生的道理。这写出外祖父有亲切的一面。高尔基虽然改变了对外祖父的看法，但心中仍有芥蒂。同时他也目睹了两个舅舅为了一点儿家产而明争暗斗、自私而又贪婪。这些善与恶在高尔基的心灵中烙上了深深的痕迹，连回忆起往事都觉得难以相信，甚至想否认。

最后母亲的死让他不得不离开这里，他最终走向了人生的下一个篇章。

高尔基的故事让我对他感到最亲切的同情，也让我更加珍惜我现在的生活。

这篇读后感，表面上看起来，写得还不错，概述了《童年》这本书的主要内容，有详有略，还发表了自己的看法。老师可能很喜欢这样的文章，觉得文从字顺。但老师更多的不是从"读书笔记"的角度思考问题，而是从"作文"

的角度思考问题。也就是说，我们通常会认为，让儿童多写读后感，"锻炼了他们的写作能力"。

问题的关键就在这里。读书笔记的目的，是更好地阅读理解，是从书籍中汲取养分，而不是一种练习写作的方式。在这里，写作本身不是目的，而是手段。以写作为手段来深化阅读，才是读书笔记的意义。在这个过程中，写作能力自然会有一定程度的提升；但这是潜在的发展，并不能当成目的。一旦当成了目的，读书笔记就异化了，沦为读后感，进而沦为空洞的抒情文。这样的读后感，其他人读了以后，是没有收获的。写读后感的儿童，其实也没有什么收获。

我们想象一下，当儿童走进职场，不再需要给老师提交读书笔记或读后感时，他会写读书笔记吗？如果他出于自身的需要而动笔，他会做些什么？哪些书值得他动笔？

要不要做读书笔记，以及如何做读书笔记，往往跟书的类型或经典与否有关。

如果读的是文学作品，大多数时候，是不需要动笔的。因为文学作品的阅读，重要的是体验，跟着主人公经历悲欢离合，从而让心灵受到洗礼，或引发思考。当然，有时候也是可以动笔的，尤其是在阅读经典文学作品的时候。

动笔做什么？比如：

1. 勾画出比较好的句子或段落；
2. 随手批注，记录自己的感受、思考与疑惑；
3. 写评论。

如果是知识类书籍呢？比如钱穆先生的《中国历代政治得失》，或者《杰出青少年的七个习惯》，或者《晚清七十年》，等等。上述的勾画、批注和评论，仍然是有用的。但有两种读书笔记的方法，是知识类书籍阅读所独有的，即摘录与综述。

摘录与综述，是两种提炼和管理知识的优质方法，也可以称之为阅读中的"炼金术"。

二

"摘录"是一种很简单但极其有效的读书方法。

除了少数经典，大多数对儿童来讲有价值的书，都谈不上字字珠玑。一般而言，一本知识性读物，其中的要点，一篇文章就可以讲清楚。或者说，大部分书籍，为了方便理解，只是把一篇文章扩充成一本书。作者把一篇文章写厚，是为了增加背景与细节，方便读者理解。而优秀的读者，则需要把书从厚再读薄。

怎么读薄呢？摘录，就是一种有效的方法。

如何摘录呢？首先是勾画。在阅读一本书的时候，一边阅读，一边把重要的部分画下来。哪些地方是重要的部分呢？通常是指书中的关键语句，即作者的核心观点、分论点，以及关键论述。有时候，也包括有价值的案例。

这看似简单的动作，实际上却并不容易。

人总是喜欢享受阅读的快感，而不愿意停下来。勾画的目的，是让阅读在关键地方慢下来；也提醒阅读者要去思考作者论述的重点，而不要让思考在文字表面轻率地滑过。勾画也包含了一种判断，即阅读者要能够判断，哪些是要点，哪些无关紧要。经常这样勾画，本身就是一种理解力练习。一开始，可能对重点的把握不是那么准确，时间久了，勾画的书多了，准确率就提升了，阅读的速度也会因此而加快。

一本书读完了，把勾画的部分快速浏览一下，往往就很容易把握住重点，而且容易将内容结构化。

如果觉得这本书实在是好，也可以把勾画的部分抄下来（抄的过程中，也可以做增删调整），这就成了摘录。可以制作成卡片，也可以制作成文档，再加上关键词或标签，一本书的精要，就这样被保存下来了。加上标签，是为了方便查找，这是一种知识管理的方法。以后需要重温这本书的时候，大多数时候，不必再读原书，只要读读摘录的部分就可以了。

当然，勾画或摘录，未必要针对整本书，也可能只是针对书中自己感兴趣的章节或部分主题。

这种貌似简单的方法，其实是知识类读物阅读，或知识管理中最常用的方法。我们想象一下，一个儿童成为职业人后，可能要围绕着自己工作的领域，经常做一些研究与审辨，他不可能依赖于自己的大脑记住所有重要的知识，一定要会大量使用勾画或摘录，确保找到重要的知识。

"综述"相对于"摘录"，是一种更复杂、要求更高的笔记方式。

摘录，只是把书中阅读时认为重要的部分摘出来，以加深理解；综述，则是要用自己的语言，把书中的要义讲清楚。这有点类似费曼学习法，对理解力有比较高的要求。

综述的形式是多样的。例如：

1. 全书综述；
2. 部分内容综述；
3. 特定主题综述。

可以用综述的方式，在一篇文章的篇幅内，把一本书的框架与逻辑阐述清楚。也可以对书中的某一个重要的或自己感兴趣的部分进行综述。还可以从书中选择某个主题进行综述。选择哪部分进行综述，取决于阅读者的兴趣点或需求。

那么，如何进行综述呢？

有两种有效手段。

一是清单；

二是脑图或者结构图。

可以用清单的方式，把书中的要义从头到尾记录下来，这相当于记录了作者书中的要点。清单完成后，再把清单结构化，用脑图处理清单中各项要素的逻辑关系。在处理逻辑关系的过程中调整清单，同时可以补充阅读来完善一本书的知识结构。清单和脑图的配合，就是一个整理书籍内容，也是一个整理自身思维的过程。

如果前期做了勾画或摘录，清单也可以在此基础上进行，或者把勾画或摘录直接当成清单，甚至省掉清单这一步。

脑图的使用有很多种，这取决于作者写这本书时的结构方式。但通常也无外乎时间、空间、逻辑和重要性这四种结构。一个最常用的方法，是将书中的概念结构化，从主概念开始，将作者用到的大大小小的概念放到一个结构中，提纲挈领。

比如我们读一本历史方面的书籍，在梳理时，很可能就是按照时间顺序，这样最清晰地呈现了事件发生的逻辑。在读一本哲学书的时候，可能就从概念入手，梳理概念之间的关系。这是一个给概念和关键信息排序的过程。

有了清单或/和脑图作为支架（当然也可以不要这个支架），就可以动笔把它转化成一篇综述，让读者非常清晰地了解到一本书的要点。还可以加入印象最深的案例，让读者更易于理解。必要时，案例也可以不来自书籍，而是来自阅读者。或是自己举一个更通俗易懂的例子，来帮助读者理解。

此外，综述往往包含了简要的评论。只是综述是主体、评论是辅助，主次要分明。

有了一定的经验后，针对不同类别的书籍，就可以建立起不同的综述逻辑。

比如，我在写一些教育领域的经典书籍的综述时，经常会使用一个写作框架：

1. 这本书要解决的问题是什么？

2. 这个问题是在什么背景下被提出来的？

3. 关于这个问题，历史或同时代人有哪些看法？如何回应这些看法？

4. 对于这个问题，作者的回答是什么？

5. 我们今天如何评估这个回答？获得了怎样的启发？

而所谓的综述，其实就是对这些问题的回答。

综述当然不止这一种，也可以直接用清单的方式综述。清单的方式，特别适合技巧类图书，直接把干货拎出来。比如读《TED 演讲的秘密》这本书，我就写了一个清单（清单见本书第十讲）。这个清单对我练习演讲起了非常大的作用，我经常在准备演讲前，再读一遍这个清单，相当于快速地重温了这本书。

在今天这个时代，有许多知识产品，为了让读者快速把握一本书的要点，往往采取脑图或 / 和综述的方式，把要害直接告诉读者，以节约时间。这种做法当然也有争议，但趋势不可阻挡。因为在大家都非常忙碌的情况下，确实没有必要把所有想读的书都从头读到尾。直接借助综述把握要点，或判断是不是值得进一步阅读，已经成了一种高效的获取知识的途径之一。典型的代表，就是得到 APP 中的"每天听本书"，他们使用的是"脑图 + 综述"的方式，一般在半小时左右，甚至更短的时间内，让读者迅速理解一本书的精要。每本书都有相应的脑图，而且根据书的内容不同，脑图的形式也是多样的。例如：

得到APP"每天听本书"《终结拖延症》

从当下开始，终结拖延症，解放被囚禁的自我！

得到APP"每天听本书"《上瘾》

让产品持续走红的秘诀是让用户对产品"上瘾"。

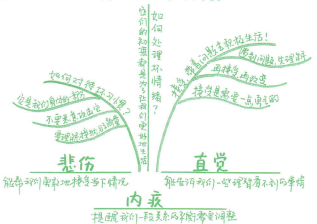

得到APP"每天听本书"《心灵的七种兵器》

如何处理坏情绪？

它们的初衷都是为了让我们更好地生活！

如何对待坏习惯？
这是我们身体的一部分
不要去改变它
要理解接纳与调整

转身、教育它们去积极生活！
遇到问题，先理解
再接受、再改变
接受是需要一点勇气的

悲伤　——　能帮我们更勇敢地接受当下情况

直觉　——　能告诉我们一些理智看不到的事情

内疚　——　提醒我们一段关系不平衡需要调整

这些我们平时极力避免的负面情绪，如果正确对待，会给我们心灵带来巨大好处！

得到APP"每天听本书"《自律力》

▷ 二、如何做到自律

每日问答法
● 制定每天具体目标；
● 为每一天的表现打分（评分标准：努力程度）。
● 根据自身情况进行调整设定目标。
"每日问答法"作用：
● 强化承诺
● 在有需要时激发动机
● 彰显自律与自控的不同 ── 偏好自控的人：做事被动抵抗；
偏好自律的人：主动进攻。

▷ 一、难以自律的原因

自律 ⟷ 消极被动
不自律 ⟷ 积极主动

◆ 过度自信：对执行力、体力脑力、
　外部环境自信；
◆ 总找客观借口：无法持之以恒；
◆ 动机错误：见好就收；
◆ 对自我改变的焦虑。

在改变自己的道路上，积极主动，增强自律力，实现理想的自己。

四

讲摘录与综述，可能许多老师会非常困惑，觉得这似乎是成人的学习方法，与儿童学校生活的实际状况相去甚远，为什么要讲这些？

事实上，这不是"成人的学习方法"，而是一切要获取知识的基本方法，只是学校囿于应试教育现状，忽略了这一方法的传授而已。而且，老师也应该积极使用类似的方法，以提升自己获取知识和理解知识的效率。

而且，从新课程的角度来看，这一方法的训练，也隐含其中。从小学阶段的复述与概括到初中的泛读与浏览，阅读策略的教学，一直是新课程标准的要求，只是没有得到有效的贯彻落实。摘要与简述，融合了复述、概括、泛读、浏览，是一种萃取知识、建构经验的有效方法。而对自由写作而言，重点是对这一方法进行运用。这个过程，本身也是一个深度学习的过程。

比如我们可以在孔子课程，或《论语》课程中，要求儿童阅读《孔子传》，并要求从下列四项任务中任选一项来完成：

1. 请依据本书，做一张孔子的年表。

2. 请依据摘要，为孔子写一则 500~1000 字的小传。

3. 请简要概括孔子的一生，并加入你的评论。

4. 你觉得，哪些重大事件决定了孔子一生的成就和对后世的影响？请写一篇演讲稿来向大家阐明。

其实，这四个题目，是同一个意思，难易程度不同。共同点，都是对《孔子传》进行综述。第一道题目，关键是信息的筛选与组织；第二道题目，涉及勾画摘要，以及概括；第三道题目，则是综述；第四道题目，是梳理与评论。这些题目，可以以小组合作的方式进行，大家分头来做、资源共享，也可以由儿童根据自己的能力和兴趣，选择适合自己的题目。儿童这样来学习的时候，难度就增加了，不是随便写写读后感就能糊弄老师的，得真正地把事件梳理清楚，并发表自己的看法。这就是深度学习的方式之一。

摘录与综述，主要适合小学高段及中学。让儿童养成勾画的习惯、摘录习惯，对汲取知识是特别有好处的。至于综述，则适合于非常重要的书籍，当成一种任务、一种练习手段。如果儿童每年可以做几篇这样的综述，对阅读理解能力和表达能力，都会非常有帮助。这也是阅读理解中的一种刻意练习方式。

我们要意识到，互联网时代，阅读方式正在发生变化。以前可能更多地讲读写，现在则更多地讲知识管理；以前更强调记忆与输入，现在更强调理解与输出。在过去的时代，诸如钱锺书这类人，已经在使用知识管理了，不过，更多用的是读书笔记，或读书卡片的办法，管理起来其实并不方便。但是今天，知识管理变得越来越方便了：借助网络，每个人都可以搭建自己的知识管理系统，熟练使用标签、链接、主题集成等功能。而且网络上有许多好用的工具，包括网络笔记本、网络收藏夹等。现在有了 AI，在工具上又会有新的突破，无数的人在创造新的知识管理方式，这些方式，都可以通过网络来持续学习。

摘录和综述，只是其中的一种方式，但属于比较基础的方式。我相信，当我们和儿童一起学习、一起探索时，一定会创造出更多更有效率的方式来，让包括自己在内的更多的大脑，逐渐成长为超级大脑。

第 10 讲

演讲稿写作：如何让演讲打动人心？

一

在现代社会，演讲和写作，是特别重要的通用技能。

为什么这样说？假如是一个传统的层级社会，大多数人，不需要通过演讲和写作来表达自己。因为你在一个金字塔结构中，已经被规定了位置，包括规定了上升通道；你要做的，是扮演好规定的角色，让上上下下的人满意，演讲与写作反而是一种不稳定的因素。一句话，你想干吗？要刷存在感吗？领导会怎么想？唯唯诺诺，做好本职工作。多干活，少说话，才是生存之道。

但是现代社会不是这样，现代社会是高度扁平化的。在一个万物互联的时代里，每一个人都被 IP 化了，或者说，每个人本质上都是一个自媒体，是一个广播，整个世界就是一片众声喧哗。无论你做得有多好，假如你不发声，你就无法获得影响力。这是一个个人 IP 极端重要的时代，每个人都在以各种不同的方式塑造自己的个人品牌，而品牌与品牌之间，又必然相互竞争。

发声的方式，就是演讲与写作。

以前有演讲与写作吗？当然有。但是，层级时代的演讲与写作，与现在的演讲与写作，是一个概念吗？当然不是。

比如传统的演讲，往往是这样的（这是从网上随意抓取的）：

大家好！

每个人心中都会有一片纯洁的土地。土地上最珍贵的，莫过于自我的梦想，人们总是喜欢把梦想绑在心中，却不知应放飞梦想。

总是把梦想挂在嘴上，却整天无所事事的人，就像把心中的梦想牢牢地束缚在心中，不让它离开，也不让它实现；总是把梦想挂在嘴上，却不敢为之奋斗的人，就像把梦想高高地捧着，不敢高攀，也不愿放弃；总是把梦想挂在嘴上，却无力实现它的人，就像把梦想高高地挂在离心很远的地方，似乎触手可及，却只能望之兴叹。

我们要学习贝多芬，他拥有天赋，也放飞了梦想，即使受到命运的折磨、安静的打击，他也不退缩，终成名家。我们要学习海伦·凯勒，她拥有毅力，并放飞了梦想，即使受到命运的不公、黑暗的打击，她也不后退，终成名作。我们要学习霍金，他拥有才华，且放飞了梦想，即使受到命运的偏心、瘫痪的打击，他也不屈服，终成物理巨擘。

成功永远不属于那些只会把梦想挂在嘴上、把双手插在口袋里的人。上帝是公平的，他让饥饿的人有肉吃，让身体瘦弱的人懂得锻炼的重要，给了每一只丑小鸭做白天鹅的梦想，也给了人们一架通往梦想名叫机遇的梯子。不管你攀登的技术是好是坏，但有一点值得记住，双手插在口袋里的人是永远也爬不上去的。

获得成功的前提是把握住机遇，把握住机遇的前提是不要把双手插在口袋里。让我们伸出双手，解开对梦想的束缚，放飞梦想，并为之而努力吧！

谢谢。

老师读了这篇演讲稿，可能会说，嗯，挺好的一篇文章，挺好的一个演讲。但是，如果不是强制，你愿意自由选择听这样的演讲吗？或者说，假如把这个演讲放在网上，我们的学生，会点开来听，并耐心听完吗？

当然不会。

为什么？

因为他知道这些是陈词滥调，不会给他新鲜的思想和真正的启发，更不会打动他。

但是，长期以来，我们的校园演讲就是如此：缺乏鲜活深刻的思想。

为了增强感染力，这种演讲，就会在形式上做文章，或者说在修辞上做文章。动辄运用比喻、拟人、排比等修辞手法，或者用煽情的手段，自然就成了演讲之道。但是，儿童进入社会后，在更多的场合，只需要真实的表达，而这种表达能力，却是学校教育没有教的。

属于这个时代的演讲方式是什么？

它可能是观点，可能是故事，但一定是自由而多元的。更重要的是，必须是真实的。——不是指事件的真实，而是指内在的真实，即表达的是真实的感觉、情感与思考。换句话说，一定是直入人心的。

假如画一幅像，好的演讲，应该是什么样子的？

如前所述，它应该是真实的，只有真实的分享，才有力量。它应该是清晰的，逻辑分明，听众容易理解。它应该是与听众高相关的，只有触及听众关切的东西，才能够引发听众的共鸣或思考。

这样的演讲，我们在哪里听到过？

很多。但是最好且最有影响力的一个模型，就是 TED 演讲。

TED（指 Technology，Entertainment，Design 在英语中的缩写，即技术、娱乐、设计）是美国的一家私有非营利机构，该机构以它组织的 TED 大会著称。这个会议的宗旨是"传播一切值得传播的创意"。每年 3 月，TED 大会在北美召集众多科学、设计、文学、音乐等领域的杰出人物，分享他们关于技术、社会、人的思考和探索。

换句话讲，分享一切有价值的东西，才是演讲的根本目的。把演讲等同于说教或思想教育，是对演讲的异化。

二

好的演讲当然需要有好的演讲稿。那么，好的演讲稿，是怎样的？

好的演讲，或者是讲故事，或者是分享观点。因此，故事的逻辑、说理的结构，仍然是演讲稿写作的关键。所以，有三本书非常重要，分别是：

1.《TED 演讲的秘密》

2.《千面英雄》

3.《金字塔原理》

其中《千面英雄》，提供了非常好的故事模型，而《金字塔原理》，则把怎样清晰地表达观点说得透彻明白。

我把《TED 演讲的秘密》读完后，给自己写了一份演讲清单，也算是针对自己概括了书中的精要：

1. 演讲总是试图分享一个故事，或分享一个观点。

2. 必须明确两件事：你是否确信自己知道自己在分享什么？你是否确信你的分享对听众会具有价值？如果不明确，尝试表述使之明确。

3. 如果是分享一个故事，那么，黄金法则是：展现，而不要讲述。

4. 展现的关键有三个：拥有决定性的时刻（面临选择）；丰富感人的细节；与听众建立情感联系。

5. 故事本身常常不是目的，最终，故事需要解释和命名，使听众理解其意义。

6. 如果分享的是一个观点，那么，黄金法则是：赋予观点以力量。

7. 赋能的关键有三个：观点必须是清晰和纯粹的；观点的论证、说明或展开，必须拥有清晰的因果链；将观点与听众的情感或需求联结起来。

8. 在分享观点的过程中，要牢记"事不过三"的原则，尽量运用金字塔结构。

9. 要防止犯三个错误：故事或观点与你或听众无关，似乎只是在陈述一个客观的东西；吹嘘或让人感觉到你在吹嘘自己，而不提及别人的帮助以及坦率地陈述自己的另一面；说太多与演讲主题无关的东西以掩饰不安或自我辩护，以及防卫性的谦虚。

10. 以上都是不重要的，重要的是，你真的拥有好的故事与思想。因此，不要花太多时间用于营销，而要花尽可能多的时间用于生产。

怎么讲好一个故事？或者说，怎么写好一个用于讲述的故事？

假设要分享的故事，对听众是有价值的，那么，黄金法则是：展现，而不要讲述。

这个黄金法则，讲的是故事打动人心的原因。故事打动人心的力量从何而来？不是你在讲述一个故事，而是你在展现一个故事。展现意味着故事是有血肉的、有现场感的；你的讲述，能够转化为听众头脑中的画面，并强烈地刺激他们的情感。

所以简要地说，所谓的展现，就是将讲述转换为画面。好的讲述，是充满画面感的。

进一步地讲，讲好一个故事，有三个关键：拥有决定性的时刻（面临选择）；丰富感人的细节；与听众建立情感联系。

怎么跟听众建立情感联系？从主题上讲，这个故事，要和听众的生命、生活有紧密的关联，否则听众为什么要关心它？从故事逻辑上讲，要拥有决定性的时刻，即主人公往往要面临选择，这种选择有助于揭示故事的主题；同时，因为听众会有一种代入感，仿佛是他们在选择，这就有利于跟听众建立情感联系。从表达方式上来讲，画面感的形成，来自丰富感人的细节，因此对故事来讲，细节非常重要。

　　最后，故事本身常常不是目的。最终，故事需要解释和命名，使听众理解其意义。因此，在故事的结尾，写好金句是非常重要的。

　　故事的这些要害，可以用一张图来表示：

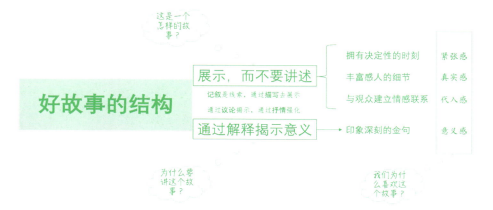

　　好故事的结构，包含两个方面：故事，以及对故事的解释。当然，有时候故事中包含了解释，未必有另外的解释。

　　在故事中，记叙是线索，往往表达时间进程；描写是展示，往往借助丰富的细节形成画面感。记叙的价值，是构成描写的背景；同时，让一幅幅画面连贯起来，在时间中流动起来，形成连续的画面。而必要的议论，则用来解释或揭示故事的意义。必要的抒情，则可以强化情感的力量。

　　显然，记叙、描写、抒情、议论，这四种表达方式，在故事写作中承担着不同的功能。如果记叙太多，描写太少，则故事就缺乏感染力。如果描写太多，记叙太少，则故事就不够流畅。如果议论太多，就成了说教；如果议论太少，又缺乏点睛之笔，难以深刻。如果抒情太多，就成了滥情、煽情，就像饭菜里放了太多的糖；如果抒情太少，故事就干巴巴的，缺乏感情的浓度。这四种表达方式，就像油盐酱醋一样，针对不同的菜，需要有不同的调配，这就是讲故事的艺术。

　　电影史上最伟大的电影是哪一部？《肖申克的救赎》。但这部电影的票房非常惨淡，为什么？因为整部电影，叙事很多，但是场面很少，缺乏一种即刻的冲击力，需要思考与回味。这对于视觉艺术，是致命的。

我们试着思考一下，假如孙悟空做一个演讲，他应该怎么做？我试拟一个：

　　我出生在花果山，是一个猴子很多的地方。在所有的猴子中，我是最顽皮的一个。五岁那年，有一天大家在山涧中洗澡，很好奇这水到底是从哪儿来的，就打算去源头看看，结果，发现了一道瀑布山泉。

　　这道瀑布背后会是什么？大家都很好奇。这时候，有一个猴子高声喊道："哪一个有本事的，钻进去寻个源头来，我等即拜他为王。"其他猴子也高声附和，一时间，群情激昂。但是，却没有猴子真的敢站出来。

　　那一刻，我的心咚咚地跳，仿佛要冲出胸腔，一股热血涌上心头。我不由得向前走了半步，但定睛一看，水流湍急，瞬息万变，谁知道这后面会是什么？跳过去，会不会被急流拍死在岩石上，成了鱼儿们的食物？迈出的半步，就这样悄悄地收回来了。

　　那声音又响起来了："哪一个有本事的，钻进去寻个源头来，我等即拜他为王！"猴群们又一次呐喊起来，但是，却没有猴子真的向前。毕竟，这只是一次游戏中的远足，犯不着冒生命危险。这时候我冷静下来，判断了一下形势。瀑布急，正说明背后一定是空的，或许是洞，或许是壁，我跳过去，要么直接跳进洞里，要么看运气能够攀附在岩石上。这是一次挑战，一场生死冒险，但是，这何尝不是一次机会呢？我是冒险一搏，成为众猴之王，还是做个缩头乌龟，等别的猴子跳过去，自己做一个平庸的追随者呢？我觉得，平庸不应该是我的命运。

　　那声音再次响起来了："哪一个有本事的，钻进去寻个源头来，我等即拜他为王！！"话音刚落，我就跳了出来："我去，我去！"

　　我闭上眼睛，蹲下身子，纵身一跃。大家猜猜，那瀑布后面是什么？无水无波，明明朗朗一座桥梁，前面是一个水帘洞，很适合居住。我带了猴子们进去，大家也拥戴我为美猴王，我的人生自此发生了改变。

今天我为什么要跟大家分享这件事？因为这件事给我的影响是巨大的，它让我认识到，巨大的困难，往往蕴含着巨大的机会。人生只有有纵身一跃的勇气，才可能超越原本平庸的自己。如果要成为领导者，这种勇气更为重要。

谢谢大家。

在这个故事里，大家琢磨一下，哪些是记叙？哪些是描写？哪些是抒情？哪些是议论？它们是如何被组织在一起的？而且，在这个故事里，包含了怎样的关键选择？又是如何跟听众建立情感连接的？

此外还要注意，视觉文本与听觉文本，是不一样的。写下来的故事，是视觉文本；而演讲的故事，是听觉文本。大家比较一下下面两个文本：

我刚出生的时候，其实是一只丑小鸭，而且，是鸭群中最丑的那只。所有的鸭子都排挤我，最后，连我的妈妈都十分厌弃我，我难过极了！我经常想，上天啊，你为什么这么对我不公正？

后来，我逃跑了，经历了许多挫折，差点死掉了。幸好被一位妇人收留，她还养了一只猫和一只鸡。虽然他们对我不是很理解，也不是很友好，但是，这毕竟是一个温暖而且能填饱肚子的地方。我想，如果换一只鸭子，可能就永远地留在了这里。

但是我没有，我感觉到自己的内心有一种莫名的渴望，我一看到天鹅，就莫名地兴奋。

于是，我离开了妇人的屋子，向天鹅们游去。那是一个很冷很冷的冬天……然而，我越游越冷，结果，后来就失去了知觉。醒来后，发现被一个农民给救了。但他的孩子对我很不友好，最终，我又一次逃跑了。

终于，春天到了。我又一次看到天鹅！我内心深处的渴望又一次被唤醒了！我拼命地向他们游去，游到他们跟前，我甚至对他们说，我情愿你们弄死我，我也不想再像以前那样活了。

结果他们说："你就是一只天鹅啊，而且，你是我们中最美丽的一只！"

这时候我从水中的倒影看到了自己，果然是一只美丽的天鹅。那一天，是我生命中最美好的日子，我感觉到生命中的一切努力，都获得了回报。

这是写下来的一个故事，如果要变成演讲，或者直接把这个故事变成演讲稿，毫无疑问，是不生动的。怎么变成演讲稿？下面是我给老师们讲演讲时，用这个故事所做的一个例子：

大家好，我是白天鹅，曾用名丑小鸭。

我知道今天我站在这里，是毫无隐私可言的，不要说在座的各位，连我们学校二年级的小朋友，都认识我，知道我那些不堪回首的往事。但是今天，我不想跟大家分享一个成功学的故事，即一只丑小鸭是如何通过自己的努力变成白天鹅的。

有人可能会说："你除了那个成长故事，还有什么可以讲给别人的啊？"

我今天想跟大家分享的一个话题，是关于自我的，用一个疑问句来表达，就是"我是谁？"。

我看到你们中有人在笑，你们会觉得，好傻啊，你不就是一只天鹅吗？骄傲点能理解，毕竟名人了，但在我们人类面前装什么深沉？

其实不是，在漫长的岁月里，我一直以为我的名字叫鸭子，并且，是丑小鸭。我生活的圈子这样定义我，整个社会这样定义我，并且，以他们定义的模样来要求我、对待我。甚至连我的妈妈，她也要求我，去向那个据说有西班牙血统、腿上系有一块红布条的老母鸭把头低下来。

为什么我必须向她低头？

不为什么，这就是潜规则。哪有什么正义可言？！就因为你是一只鸭子，而且是一只丑小鸭！

是的，对一只无名的小鸭来说，是没有尊严可言的。如果你还很丑，那么，连生存都会成问题。所以，被侮辱、被损害，几乎就是你的命运的标配。在这种情况下，希望对我而言是什么？不就是一口热饭、一个可以容身的草窝吗？如果有人能给你提供一口热饭、一个草窝，你不是应该感激涕零吗？在农家小屋，这希望基本上都实现了，只要我能够按照他们的意志，经常摇摇尾巴，或者假装在下蛋就可以了。——至于是不是真能下蛋，其实他们也不在乎，他们要的是你的态度，要的是让你时刻不要忘记，是谁给你这碗饭吃。

亲爱的老师们，如果你是我，你会怎么做？我是说，在经历了无数的饥饿、恐惧与流离失所之后，突然看到了农家小屋，你会怎么做？

我知道并深深地理解你们多数人的选择。但我想说，我可能有点不一样……

安徒生给我安了一句我永远不会同意的话，他说："但他一点也不骄傲，因为一颗好的心是永远不会骄傲的。"其实我知道这不是真相，我一直都非常骄傲。所以，我离开了农家小屋。但你也可以说他是对的，我同时是极度谦卑的，那是我遇到天鹅的时候。我觉得，崇高伟大之物，足以让我俯首，但绝不是农家小屋。

是什么让我离开了农家小屋？

回首往事之际，我才明白，是渴望。

因为我渴望自己成为白天鹅。只是我不敢说，我怕成为别人眼里的笑话。但我日里想，夜里想，我宁可被弄死，也没有办法放弃这个渴望。我的生命中，有一股力量，就像海水一样日夜无休地涌过来，在我耳边、在我灵魂的深处轻轻地呼唤：白天鹅！

当我再一次遇到白天鹅的时候，我突然就明白了：我就是白天鹅！我必须摆脱社会对我的定义，我必须自己定义自己，我必须通过努力，成为自己想要的样子！如果不能，就让我死掉吧！行尸走肉般的生活，有什么意义可言？有什么尊严可言？我要做飞翔的天鹅，不要做跪着的鸭子！

后来的事大家都知道了。

那么，今天我想跟大家分享什么呢？尤其是跟年轻老师？

我想告诉你们，你们不是教书匠，你们的身体里，流淌着艺术家的血液。你们不是只能用分数勉强喂饱学生的可怜的教书匠，你们是能用思想弹响学生灵魂的艺术家！

此刻，或者即将，你们会在教室里受苦。有些苦难，甚至如此深重，重到你只想有个农家小屋躲起来疗伤。然而，这正是生命的雕刻刀在雕刻艺术品啊。你是躲开它呢，还是主动承受它的雕刻，直到去除你生命中多余的部分？

生活的确是黑暗的，除非有了渴望。

你们中谁有了渴望，谁就有可能获得救赎；渴望越是深刻和痛苦，救赎越是深邃而伟大。

现在，回到我今天的主题：我是谁？

如果你能听懂我的召唤，那么，埋下渴望的种子吧，然后，穿越漫长的岁月去重新定义自己，最终成为一个自我实现着的自由人。

最终，你会用你全部的岁月给出一个答案。

它是伟大的还是平庸的？

我不知道，答案在你那里，在你的渴望和岁月中。

谢谢大家。

我们能够明显地感受到口语表达与书面语表达，还是有很大区别的。而且演讲的时候，你的跟前是有对象的，你跟对象有一种编织和互动。这里仍然有关键冲突，把观众带入选择。也有细节处的刻画，关键时刻一个人灵魂申诉的那种战栗。这样的演讲，就容易有感染力。

那么，如果是分享一个观点呢？

黄金法则是：赋予观点力量。

我们一般讲议论文，会强调"观点要明确"，很少说"赋予观点力量"。只是讲"观点要明确"，很可能是正确的废话。而强调观点的力量感，实际上不只是强调观点的深刻程度，更是强调观点与听众之间的联系，这才是关键。我们讨厌说教，是因为大部分说教，就是正确的废话。但是，假如一些教训，是在我们生命中合适的时候出现，碰巧解决了或启发了我们面对的现实问题，这时候，观点就是有力量的。

在《TED 演讲的秘密》一书中，作者提出，要赋予观点力量，关键是三点：观点必须是清晰和纯粹的；观点的论证、说明或展开，必须拥有清晰的因果链；将观点与听众的情感或需求联结起来。包括后面的"事不过三"原则，都是《金字塔结构》一书中阐明的。

我用一张图来表示：

观点必须清晰和纯粹，是前提。儿童表达观点，容易杂糅了不同的看法，不简洁、不清晰，这是思维不清楚的表现。假如观点清晰了，观点的论证、说明或展开，则必须有清晰的因果链。最后特别重要而容易被遗忘的，是将观点与听众的情感或需求联结起来，这是观点的力量的重要来源。

我们可以用三句话来概括：

1. 到底想讲什么？
2. 讲清楚了吗？
3. 为什么讲 / 讲给谁？

我们来虚拟一个小学生的讨论，主题是：父母有权知道我们的手机密码吗？我拟三篇。第一篇是这样的：

我觉得父母有权知道我们的手机密码。

从法律的角度讲，我们都属于未成年人，父母有监护我们的权利，也可以说是责任。而知道我们的手机密码，就可以让我们在父母的监护下使用手机。这样，我们因为年龄原因可能发生的一些危险，比如陌生人的诈骗等，就可能得以避免。父母的监护，才是最好的保护。

分享密码，甚至分享秘密，不但让我们和父母的关系更为密切，而且，父母也会给我们许多新鲜的点子，指导我们更好地和更健康地使用手机，防患于未然。这总比上中学后，再付出某些代价好得多吧？

亲爱的小伙伴们，你们有人为什么不愿意与父母分享密码？别以为我不知道。不就是有时候玩些小游戏，或者看些笑话吗？我们完全可以跟父母明说。我想，没有父母会绝对禁止玩小游戏和看笑话这样快乐的事吧？而父母的监督，恰恰可以帮助我们避免沉溺、把握好分寸，何乐而不为？永远不要太相信自己的意志力。

总之，分享，还是防范，这是一个问题。这不仅仅是一个手机的问题，背后折射出来的，是我们如何理解父母与我们的关系？如何信任他们、相信他们的判断与引导，并在这个过程中，发展出我们自己内在的判断力来。

这是一篇用标准的金字塔结构写成的文章。观点是"父母有权知道我们的手机密码"，遵循"事不过三"的原则，从三个方面来论述：

1. 父母有监护权，这是对我们的保护；
2. 父母能为我们使用手机提供指导；
3. 父母可以帮助我们避免沉溺、把握分寸。

最后结论是：我们要相信父母的判断与引导。

当然，结构不止一种。再看第二篇：

谢谢老师提出这个话题。

我认为，父母无权知道我们的手机密码。如果我的父母想要我交出手机密码，我一定会据理力争。

为什么呢？

哪怕我是一个小孩，我也有拥有自己的私密空间的权利。因为我有感觉，有感受。一切都被人盯着的感觉并不好，就像我上了小学，也不再希望父母跟我一起洗澡一样。

父母可能会说：我们还不是为你好？我想说，亲爱的爸爸妈妈，你们无非有这几个担心：怕我在手机上浏览少儿不适的内容；怕我在网上被人骗取钱财；怕我有不合适的社交。

关于第一点，我承认有这个可能。但是，中学生、大学生，不是更有这个可能吗？难道他们的手机密码，也要交给家长？这有没有一点欺负我小的感觉呢？你可以说他们年龄更大、控制感更强，难道不同时是风险更大、诱惑更强吗？

至于钱财，我就没有钱，如何骗取？只有我知道父母手机密码，才有这个风险。而不是父母知道我的手机密码，才有这个风险。

至于说到社交，没有人在交朋友时，始终说正确的话。成人不说傻话吗？人就是在各种不同的尝试中，才成长起来的。这种尝试，毕竟不是现实世界的接触，根本产生不了多严重的后果，顶多让别人或自己不开心而已。

我知道父母是善意的。但是，动机的善意并不代表行为的正确。你们更应该关注的是我的自控力与责任感，而不是我的隐私。你们更应该去做引导我的导师，而不是做监督我的警察。

我今天为什么要跟大家分享这些？

我们虽然是小孩、是儿童，但我想提醒大家，我们也有自己的权利。如果我们不去捍卫自己的权利，我们同样也不会意识到我们要承担相应的责任。我们捍卫自己的手机密码，本质上也是捍卫自己承担责任的机会，或者说，捍卫我们自我成长的权利。这就是我想说的，谢谢大家。

这一篇结构稍微复杂一些，用正反合的结构：

1. 正：我有拥有自己私密空间的权利；
2. 反：父母的担忧是多余的（哪怕浏览不适内容也并没有严重后果；我没有钱财，没有被骗取的风险；社交是一个尝试过程，这是必要的）；
3. 合：父母应该做导师而不是警察。

最后的结论：捍卫手机密码，就是捍卫成长的权利。

再看第三篇：

　　我觉得这个问题的关键，不是父母是否有权知道我们的手机密码，而是什么时候不再需要知道我们的手机密码。我们要用自己的努力赢得父母的信任，让父母不再有必要知道我们的手机密码。

　　总有某一刻，父母不再需要知道我们的手机密码。这一刻是什么时候？是三年级吗？五年级吗？初一吗？高一吗？大学吗？的确，这一刻一定会到来，但我希望这一刻来临时，父母不是只出于无奈——反正你大了——而是出于一种信任、一种喜悦：你终于有责任驾驭你的手机了！

　　这不是一个年龄问题，也不是一个权利问题，而是一个责任问题。

　　一旦我们发展了足够的责任心与自控力，能够将手机变成让学习和生活变得更美好的工具，我们就拥有了掌控自己手机密码的权利。否则，哪怕我们长大成人，父母不得不放弃掌控，我们也只是一个巨婴，而无法成为一个真正意义上的自由人。

　　所以，我希望小伙伴们明白，主语不是"父母"，而是"我们"。我们无法为一个小小的手机负责时，请把密码交到父母手中；我们有一天能够庄严自信地对父母说"我可以"时，我相信，密码就会回到我们自己手中。

　　这不只是手机的密码，也是我们人生的密码。

这一篇，又用了另外的结构：

1. 大前提：掌握密码，根本上是一种责任，而非权利；
2. 小前提：我们发展了责任心，就掌控了手机密码；
3. 结论：主语是"我们"，我们要学会为自己负责。

议论文怎么训练？观点型的演讲稿怎么写？其实金字塔原理，是最好的训练方式。所以，我们讲自由写作、讲演讲稿写作，本质是什么？本质是训练思维，同时融入价值观。

四

如何演讲，还可以用另外的框架，逻辑是一致的。这是《高效演讲》这本书中给出的一个框架，非常有启发意义：

沟通大纲（逻辑线）

听众是谁：

步骤1，结果：谈话结束时，他们将……
决定/同意

_____

为了取得这一结果，他们需要……
知道：_____
1. _____
2. _____
3. _____

感到：_____
1. _____
2. _____

步骤2，关联性：为什么他们应当在乎？

1. _____
2. _____
3. _____

步骤3，要点：用一句话表达你要传达的信息是什么？

_____

这是一个用于沟通的提纲，但同样也适合于演讲稿写作。

这个结构的妙处，在于它是用"以终为始"的原则搭建的。

在步骤一中，首先追问：你表达的目的是什么？想要达成什么结果？从结果出发，再来思考表达内容。

而在思考内容的时候，又从两个方面来思考：一个方面是要达到这个结果，他们需要知道什么？遵循"事不过三"的原则，要从三点上思考。而且这个框架，特别强调了情感的作用，你打算让听众产生怎样的感受？

步骤二，再追问关联性：为什么他们应当在乎？或者为什么他们应该倾听你的表达？这关乎表达的目的。

步骤三，则是一种确认，考查你的观点是不是清晰明确。

如果沿着这个思路来拆解，我们就有可能形成自己的演讲清单，用来训练儿童。

当然，在我自己的演讲清单中，我特别强调了：

> 以上都是不重要的，重要的是，你真的拥有好的故事与思想。因此，不要花太多时间用于营销，而要花尽可能多的时间用于生产。

换句话说，演讲形式固然重要，但演讲内容要重要得多。今天的儿童演讲能力差，并不只是缺乏演讲训练，更重要的是，缺乏真正深刻的思想与鲜活的生活。

毕竟，如何让演讲打动人心，靠的不是套路。

论文写作：儿童怎样做研究？

一

小学生可以做研究吗？

许多老师本能地就会觉得不可以。小学生怎么有能力做研究呢？我们做老师的经常感觉到自己都缺乏做研究的能力，怎么指望小学生做研究？这样一种偏见，是根深蒂固的。

为什么？因为整个教育教学是长期被体制化了的。所谓体制化，就是说学校教育、班级授课制、课程表，以及教学内容，已经成为一种模式。这种模式，与真实的世界，有着较大的差距。

以作文为例。学校教授作文的套路，与时代往往是严重脱节的，儿童走上社会，根本就无法使用学校教授的所谓写作技能。在真实的世界里，儿童成年后，实际上写得更多的，是应用文。比如要写论文（假如读大学的话）、要写演讲稿、要写工作计划、要写总结汇报以及诸如此类的文案等，这是真实世界对一个人的要求。但实际情况是，在一般的单位里面，要找一个写作上得心应手的人很难，更不用说把这种写作能力变成普遍要求。也就是说，写作能力，在今天的职场上，是一种非常稀缺的能力。

那么，理想的儿童写作教育应该是怎样的？

我认为，应该是基础的文章训练，以及基本的文体训练。文章训练是什么意思？文章训练就是训练儿童把一件事说清楚、把一个道理讲明白。用新课程的要求来说，就是"具体明确，文从字顺"。从修辞的角度来讲，就是简明、连贯、得体。文体训练是什么意思？就是解决不同问题所需要的不同体式，例如演讲稿、论文、计划与总结等。把文章训练变成文学训练，或者文艺性散文训练，是叙事训练的误区；把文章训练变成八股套路、变成形式训练，是说理训练的误区。

文章训练是文体训练的基础。所以小学中段，以文章训练为主；小学高段，就加入了比较多的文体训练。初一是以文章训练为主，初二初三，就以文体训练为主。毕竟，把话说清楚，是文体训练的前提。这些，是就精确写作或者说作文教学而言的。自由写作，则是对精确写作学习结果的一种运用。因此，自由写作会强调真实语境。

在真实语境中，论文写作，是最重要的文体实践之一。毕竟，论文写作的价值，首先不是为了学习论文写作，而是儿童真实研究的最终表达。

论文与作文的区别在哪儿？

我很欣赏刘军强老师的比喻。他说，论文写作，是"思维的成人礼"。

刘老师进一步分析，非常精辟，他说：

　　作文和论文的区别，表面上是两种文体的不同，内里折射着两种学习方式的差异，深层则对应着基础教育和高等教育之间的结构性断裂。

他又引北京大学张静教授的一段话：

　　我们的中学语文教育，主要是一种文学欣赏和评析的模式，但是缺乏证明性写作的训练……大学的专业性写作重点不在个性、情节和人物特征的表达，而是以实证或阐释的方式，去认识人类活动显现的关系、行为、思想、制度、过程和问题。这种认识必须基于证据：使用专业语言、概念、逻辑和方法，对一个知识（观点）进行证明。这样才能成为有价值的、可运用的知识。

刘老师总结了作文与论文的区别：

> 作文是习作，七八百字即最大篇幅；写论文要有创见，通常几千字上万字。
>
> 作文主要是表达自我，论文则需要明确的观点并予以论证。
>
> 作文多为命题，全班同学经常写同一个题目；论文题目则要学生自己寻找，不确定性会带来焦虑。
>
> 作文以应试为导向，一般速战速决；论文则耗时持久且需要多次修改，挑战耐力。
>
> 作文通常是闭卷完成；而论文则是开卷作业，学生需要"上穷碧落下黄泉，动手动脚找东西"。闭卷考试，似难实易；开卷考试，似易实难。
>
> 咱们从小学开始练了十几年作文，有成堆辅导书和辅导班；大多数学生上了大学后才知道有论文这回事。
>
> 作文通常有范文，跑题会得低分；论文没有标准答案，讲求标新立异、自圆其说。

这些概括，是非常有启发性的。当然，在这个比较中，对作文的定义，仍然是基于作文教学的现状，而不是作文教学应该有的样子。

但是，论文写作，不应该大学才开始，甚至不应该中学才开始，而应该从小学开始。在许多国家，一二年级的学生，可能已经开始做研究了。中国的大学生，写论文之所以特别水、特别差，跟中小学缺乏写论文的习惯和训练有关。因为论文写作的关键，不是写作，而是研究意识、问题意识。写作能力是在这个过程中，潜移默化地形成的。如果研究的感觉没有了，问题意识没有了，只看一些怎么写论文的书，有用吗？

做研究，也没有想象中那么复杂。相反，这对人来讲，是一种自然而然的行为。举个例子，你要去淘宝买东西，多数时候，就会是一个自然而然的研究过程。首先，你要有问题意识：我到底要买什么？我要买衣服吗？这个衣服是冬天穿的，还是夏天穿的？是外面穿的，还是里面穿的？我喜欢什么颜色的衣服？等等。你要界定你的需要，本质上就是界定你的问题。需要并没有那么容易界定，所以，我们经常在淘宝上买了自己并不需要的东西。其次，我们还要深入研究。毕竟，淘宝上有无数家店，你要货比三家，要看好评、看销量、看价格、看品牌，多种因素反复对比，这是一个复杂的研究过程。

如果儿童每个学期能够经历一次有深度、有长度的研究，并形成论文，那么，对儿童的能力，就是一次全方位的练习。就是说，从选题到研究再到写成论文，会带动完整的技能链，这也是一种深度学习。但学校通常会忽略这些。为什么？学校没有动力，短期来看，这种学习跟考试没太大关系（长期当然关系极大），还占用时间。从老师的角度看，除了同样的原因，还有一个指导能力的问题。毕竟，指导儿童做研究，不像字词过关这样简单、容易掌控。这样，大家就都会缺乏相关动力，长此以往，当然就容易形成偏见，即儿童太小，不应该在小学进行这种训练。

破除这种偏见，和儿童一起经历研究的苦与乐，就成了少数老师的"勇敢者游戏"。

二

前面讲了，论文写作不是个写作问题，首先是个研究问题。而研究的本质是什么？

如果用一句话来概括，就是"提出一个有价值的问题，然后尝试解决它"。

或者说，无非就是"提出问题、分析问题、解决问题"。

为什么研究对于儿童是非常重要的？

学校的课程与教学，在绝大多数时候，是封闭的。既定的知识被排成一个逻辑序列，我们按照先后顺序依次来学习。这种学习方式的好处，是全面与系统，这就是知识的特征。这种做法的缺点，是与真实的世界有距离，因为在真实的世界中，要解决的问题往往会涉及多个知识领域。这之间的矛盾，本质上就是主题与知识之间的矛盾。

以骑自行车为例。从知识的角度，涉及自行车的知识，有机械的、动力学的，甚至包括心理学的（比如如何克服畏惧心理等），其实非常复杂。但你学完了这些知识以后会发现，你仍然不会骑自行车。因为骑自行车是一项任务、一个问题或主题。所以，学习有关自行车以及骑自行车的全部知识，不但复杂枯燥，还不代表就能够学会骑自行车。所以，了解自行车以及打算骑自行车的人，是一个学习维度；直接通过实践去学习骑自行车，是另一个维度。前者是系统化的学习，目的是掌握相关知识；后者是主题化的学习，目的是学会骑自行车。在主题化学习的过程中，系统化的知识被重新打乱，按照需求被重新组织起来了。学校学习，主要是知识化学习；生活中自发的学习，主要是主题化学习。那么，什么是研究呢？研究，就是把这二者结合起来，用主题化学习带动相关知识的重新结构化。比如说你想成为一个赛车手，你就必须研究和理解自行车的性能，包括空气动力学等方面的知识。但你所有的研究，都指向解决实际问题，即如何成为一个更好的赛车手。在这种情况下，原来的系统化的知识，在主题中被唤醒了，就化为经验的一部分。

系统学习的优势，是效率。所以，学校主要以系统学习为主。但只有系统学习，而没有主题化学习，知识就是死的，很难转化为经验或智慧。一般所谓的项目化学习之类，本质上就是一种主题学习。而研究也属于这一类学习，也是一类有价值的深度学习，有利于深度整合知识，使之化为经验。

显然，这种学习是开放的。这种开放是多个层面的。比如主题或问题是开放的，儿童可以选择与自己的兴趣或生存高相关的主题；研究过程是开放的，儿童可以自由采用不同的策略；结果是开放的，儿童将得出自己的理解，而不是说指向某个标准答案……

当然，为了训练的效率，也可以对主题，甚至研究过程，做一些限制。毕竟，这是学习研究。

我们可以把这个过程化为六个步骤，分别是：

- 确立研究主题
- 提出假设或观点
- 调查研究
- 资料搜集
- 辨析资料，形成和辨析观点
- 论文写作

当然，其中的三四部分，或者三四五部分，也可以合并。为了清晰起见，就分开讨论。

儿童如何做研究？本质上并不是老师讲给儿童做研究的方法或知识；毕竟这些方法或知识，本身就有现成的资源，或者儿童通过研究或简单的检索也能获得。本质是什么？是老师带着儿童一起做研究，让儿童在做研究的过程中学会研究，而不是讲给儿童怎样做研究。平时太忙的话，如果每年寒暑假各有一次这样的研究训练，对儿童的意义将是巨大的。老师可能会想，我也不会做研究啊。这个没有关系，我们只要带着儿童做研究，在做中学，慢慢就会了，品质也会越来越高。因为指导儿童做研究，我们自身也经历了很好的研究训练，这是非常高品质的专业发展。在这个过程中，老师会有可能习得最为重要的一种学习能力，即研究与审辨的能力。比如大家可能都会用百度，但是真正开始做研究，哪怕简单的搜索能力，也可能跟原来非常不一样。

研究的第一步，是确立研究主题。

研究主题从哪里来？

可以从生活中来，可以从课程中来。在一开始，儿童很难提出恰当的问题。毕竟，问题意识的形成，是一生的功课。这时候，就需要老师的引导和判断。老师可以给定一些主题，让儿童从中选择，但给儿童自主确定另外主题的权利。老师也可以让儿童自由申报后，进行审核。毕竟，如果主题不恰当，后面的研究就浪费掉了。

我们举一些研究主题的例子：

- 小学生家庭作业负担调查
- 教师职业压力调查
- 消失的父亲——小学阶段教育中父亲角色的缺席及后果
- 小学教材中易错字研究
- 小学生电子产品使用调查
- 小学生阅读现状调研
- 蚯蚓生活习性方面的研究
- 生态水瓶（缸或池）内，让生物之间相互良性影响最优化的研究
- 自制酸泡菜研究
- 促进小葱生长的研究
- 厨房垃圾转化成肥料的方法及效果的研究
- ……

在这里，大家会发现这些主题涉及了多个学科或跨学科。因为从根本上讲，

研究是一种学习方法，必然适合所有学科，尤其是知识类学科（小学的科学，以及中学的文理综）。对语文老师来讲，研究也可以与整本书共读结合起来。比如《西游记》的学习，也可以确定一些题目：

- 怎样从男孩长成男人？——孙悟空成长史研究
- 为什么孙悟空经常打不赢神仙们的坐骑？
- 唐僧是一个好的领导者吗？——《西游记》中的师徒冲突研究
- ……

在起始阶段，给儿童一定的选择范围是有必要的，有助于控制难度，也方便指导。

研究的第二步，是提出假设或观点。

研究的结论或观点，并不是最后才涌现的。恰恰相反，研究就是一个不断提出假设、验证和修正假设、形成确切结论的过程。这个过程，也是一个"浪漫—精确—综合"的过程。如果没有假设，探索就没有方向。而假设的质量，也取决于儿童的原有背景，以及对该主题的理解力。

研究的第三四五步，分别是调查研究、资料搜集、资料辨析。这是研究的核心过程，也是一个很锻炼人且很有意思的过程。比如一个儿童要研究自我管理，他就可以把自己以及同伴当成研究对象，提出假设，做一个设计。然后在过程中记录数据，对这些数据进行分析，并尝试得出一些结论来。这个研究，顺便就与人格教育结合起来了。

再比如说，在《西游记》课程中，怎样研究孙悟空的成长史？

调查研究，主要是基于文本的。可以鼓励学生以文本为依据，编写孙悟空的编年史，就是以从石头缝里蹦出来为起点，以成为斗战胜佛为终点，建立一个时间轴，把孙悟空成佛前经历的主要事件全部罗列出来。而在这些事件中，有些详、有些略，有些重要、有些次要，这个梳理，就是一种基本的调查研究。

　　紧接着，就是要进行必要的审辨。先从孙悟空的经历中，找出关键事件，即让人物发生根本变化的事件。同时，搞清楚这些关键事件的发生背景。最后，梳理出关键人物在孙悟空成长中的作用。在这里，至关重要的，是孙悟空在每一次关键事件中的关键选择，是这些选择，决定了或显现了孙悟空的性格。把这些选择连缀起来，就是孙悟空的成长史。

　　有了这些扎实的基础工作后，就会形成初步的结论。再去做一些资料搜集的工作，看一看其他名家是如何看待孙悟空的成长史的，他们的观点是一致的还是相互冲突的，我们如何选择和判断，或者是得出自己的怎样的结论。

　　再比如说"为什么孙悟空经常打不赢神仙们的坐骑"，就不能凭印象去写，那就是读后感了；要具体地去统计，在《西游记》中，有哪些妖怪是由神仙们的坐骑变成的？这些神仙都是什么背景？在其中发挥了怎样的作用？最后妖怪的结局如何？再详细地去审辨，这中间有什么规律？为什么？这仍然是一个研究与审辨的过程。

　　可能讲到这里，老师们都很头大。因为平时让儿童稍微动点脑筋，似乎都是很困难的事。像这样去研究《西游记》，怎么可能！的确，儿童似乎只能浅学习，形成了一种类似"刺激—反应"的模式，主动地去梳理文章都很困难，更何况面对厚厚的一本书，不知道要遭遇多少困难；更何况，儿童未必愿意投入这么多时间。

　　但这正是价值所在。假如儿童带着任务去研究，过程中老师不断地给予鼓励和指导，儿童就有可能深入地去完成任务。而在完成任务的过程中不断地遭遇和解决问题，就会赋予儿童以宝贵的研究与审辨的经验。一旦儿童花很长时间完成了这个任务，就会有满满的成就感。而一次这样的研究体验，就会成为下一次研究的背景。研究能力，就是在这个过程中一点一点积累起来的。

　　降低难度的另一种方式，是以小组合作的方式做研究。小组中的人根据不同的特长分工合作，比如可以把不同的研究主题，分配给不同的小组，让大家分头研究，定期讨论，最终形成研究成果。在这里，不仅锻炼了研究能力，还锻炼了领导力、协作能力、沟通表达能力等。

　　研究的第六步，也就是最后一步，才是论文写作。

四

　　在整个研究过程中，儿童有可能获得哪些能力？

　　最核心的，是将获得研究性阅读的能力，即带着问题，灵活运用泛读、跳读、精读，搜集和判断信息，并进行必要的归纳、整理、辨析的方法。显然，这就是对教材中所学的各种阅读以及理解方式的综合运用。如果坚持做研究，随着年龄的增长，儿童研究性阅读能力将会越来越强。因为在这个过程中，识别和判断信息的速度会越来越快，搜集和处理信息的策略会越来越娴熟。这在本质上就是一种自动化能力，极大地减轻了儿童的认知负荷。

　　除此之外，伴随的一些工具性能力，也将极大地得到增强。例如：

　　信息检索能力。信息检索能力是现代社会尤其重要的一种能力，包括了文本内的信息检索能力、跨文本的信息检索能力、基于互联网的信息检索能力（即搜索能力）等。仍然以《西游记》的研究为例。围绕着特定主题或问题，在《西游记》中进行信息检索，是一种能力。比如要梳理出孙悟空的成长轴，就需要检索相关信息，确保不遗漏，也没有不相干的信息——这是最基础的。假如要检索孙悟空与唐僧的关系演变，检索难度就又增加了许多。无论如何，这属于文本内的检索能力。如果要跨文本检索呢？比如与《西游记》有关的书，比如《西游补》《大话西游》等，以及《西游记》的研究资料，怎样快速地锁定要检索的图书，并完成对关键主题或问题的检索呢？要求就进一步地提升了。这就像挖矿一样，你先要确定哪里可能有富矿，然后再去检验。这样检索提取的速度就会大大地加快。比如你可以先看目录，看内容相关度。也可以看前言，了解大致内容及主要特点。还可以看作者，凭借以往对作者专长及权威程度的理解，迅速判断。跨文本的资料，可以借助学校图书馆（比如专门建设的《西游记》书架），或者老师打印提供一些链接文本（资料多的话，可以提供电子版）。基于互联网的搜索能力是一项更开阔的技术，涉及一系列的技巧。比如利用什么工具去搜索？真的还要用百度吗？有没有更好的搜索工具或网站？怎样确定关键词？怎样精准检索，避免出现大量无效的信息？所有这些，都可能在研究性学习的过程中逐渐体验、掌握以及不断地迭代。

梳理概括能力。这里的梳理概括能力，不是教材上的梳理概括，虽然是以之为基础的。因为涉及的材料不是一个数量级的，并且经常是跨文本的，甚至是基于互联网的。大尺度的梳理概括，不是从单篇文章中，而是从更高数量级的材料中梳理概括关键，特别是要用到清单思维和结构化思维。所谓的清单思维，就是能够把关键信息或观点识别出来，并按照一定的次序加以排列，以识别出关键因素的思维方式。所谓的结构化思维，就是把梳理出来的关键信息结构化，使之成为有价值的知识的过程。在这个过程中，清单和各种脑图，都是可用的工具。比如要做成长年表，孙悟空人生中的主要事件，就要用时间顺序加以排列。而在更多的时候，我们会使用重要性顺序来排列一些关键信息或观点。

审辨能力。研究与审辨是不可分开的。信息检索和梳理概括，更侧重于研究，而审辨能力，更主要的是一种场景中的判断力。所谓的场景，往往就是关键问题或关键概念，围绕着这些问题或概念对材料进行判断，比如正误、可信度、相关性、重要性等。而这种审辨，又是以先前经验和原有概念水平作为基础的。比如对资料的可信度的判断，就是一个技术活。到现在为止，大多数的成人，还没有审查资料可信度的意识和能力。

当然，还会涉及更多其他的工具性能力。比如要设计问卷调查，就涉及数据的分析与处理，更不用讲对类似 word 或者 excel 等工具的运用了。

语文教材中的大部分所谓的语文要素，都在这里得到了运用或练习。比如复述能力、想象与联想能力、概括能力，以及各种阅读策略。这样的研究，才真正地让教材活起来了。当然，活起来的不只是语文教材。如果研究的主题是科学方面的内容，那么科学教材，也部分地被激活了。

因此，儿童其实对研究往往是有兴趣的。

而类似的研究要求，在教材中实际上已经出现了。比如在小学，就有单元要求儿童对传统文化方面的资料进行搜集，这就涉及民俗文化方面的研究。到初中，新闻单元也涉及访谈方面的内容，也涉及研究。

五

上面讲的是研究过程，最后一步，才是我们今天要讲的论文写作。

那么，为什么要讲这么多研究过程？因为论文写作的关键不是写作，而是研究过程。写作只是研究结果的一个整理。关于论文写作，网上的教程很多，我特别推荐刘军强教授的《写作是个技术活》，讲得非常清晰。

我自己习惯于把写作分为四步：

1. 列提纲；
2. 快写；
3. 慢改；
4. 完善格式。

列提纲的时候，金字塔原理非常有效。经过前面的研究与审辨，结论也有了，案例也有了，数据也有了，就需要用金字塔结构把文章的框架搭建起来。

而快写，就是在提纲的基础上，填充血肉，尽可能一气呵成，不要把重点放在推敲字词这些琐碎的方面，以保持思路的完整性。快写完以后，论文的草稿就有了，雏形初具，就方便下一步处理了。

接下来是慢改。慢改，就是各种推敲。要推敲结构，看逻辑有没有明确的漏洞。再检查论据以及数据，看有没有问题，是否需要补充或调整。在这个过程中有不清楚的，可以回头再去检索资料或做补充研究。完成了结构、逻辑、论据、数据等的检查与修改，再做修辞上的处理，比如修改词句，使之更为简洁清晰。

最后一步是完善格式。论文格式可以方便地查到，比如一般的论文，有标题、有摘要、有引言或者前言，有方法、有结论、有探讨、有致谢，或者引用。儿童是初学论文写作，不一定这么齐备，有些可以省略。这些不用老师去讲，让儿童直接去网上搜索，自行对照解决，老师只进行必要的反馈。当然，也可以将论文的规范要求当成写作要求的一部分。

在这个过程中，老师的角色是什么？

是导师。

与上课不同，在研究的过程中，儿童是主体，老师只是一个任务提出者、过程协助者、结果反馈者。而老师的经验，也是在不断的指导过程中形成的。比如可以与学生定期讨论。儿童要经历选题、搜集资料、写提纲、写论文以及论文汇报等过程，在每一个时间节点，听取儿童汇报，或者相互分享，有利于少走弯路，有利于提升最终论文的质量。而且，有了时间节点，儿童也就有了参照系，不至于过度地拖延。

论文一旦形成作品，无论是老师，还是儿童，都会特别有成就感。这不只是儿童得到了成长，老师也从这个过程中学到了许多东西，此之谓教学相长。

第12讲

自我叙事：让每个生命不断地自我书写

一

心理学家阿德勒讲过一句话，大意是，决定我们自身的不是过去的经历，而是我们自己赋予经历的意义。或者换句话讲，重要的不是事实，而是对事实的解释。举个例子，你在生活、学习或工作中遭遇了挫折，你可以解释为运气不好、倒霉，也可以解释为"我不行""我很差劲"，所以导致了挫折，还可以解释为"天将降大任于是人也，必将苦其心志"。不同的解释，对你的未来会产生不同的影响。一种解释风格如果形成了，往往就深刻地塑造了你的人生。

那么，哪个解释是事实？或者说，哪个解释是真的？

答案或许是，并不存在完全客观的事实，客观本身也是一个相对的概念。事实在本质上也是看法。当我路过一座校园，我看到的事实是，这是一所学校。但对一只路过的小鸟来说，这是什么？甚至，假如一个学校诞生以前的人穿越过来，路过此地，对他来说，这又是什么？显然，校园这个概念，仍然是我，以及这个时代的人们构建出来的。只要是我在看，或者我在"认识"，一切必然打上我的烙印，拥有了主观的痕迹，带上了我的"看法"。

因此，当我们谈论"真"时，到底在谈论什么？在刚才的讨论语境中，或许存在两种不同的"真"。一个"真"，讨论的是相对客观的事实，相对脱离人的主观性的所谓"事实";另一个"真",讨论的是合理性,即事实本身并不是最重要的,最重要的是合目的性。如果一个解释对我而言,是最好的,最能让我获得发展的,那么,这个解释可能就是"真"的。

再举个例子。假如一个学生,在期末考试中考了全班倒数第一,我们就有不同的解释:

1. 因为"你不行""你是差生",所以你考了末尾。
2. 因为你在学习上有非常大的漏洞,可能是投入时间不足,可能是方法策略有问题,所以这次考了个末尾。

两种解释,都有各自的合理性,甚至可以说,都为"真"。但是,我们选择哪种解释为真,会对接下来的学习产生影响。如果选择第一种解释,就容易形成固定性思维;如果选择第二种解释,就容易形成成长性思维。当然,并不是所有解释都是合理的。比如你说考了倒数第一是因为运气不好,这就是一个差的解释,毕竟学习不是买彩票。

人生在世,有许多事实是我们改变不了的,比如大环境的变化、经济危机等。但是,我们可以决定如何解释它,而不同的解释,会对人生产生不同的影响。

从这个意义上讲,所谓的历史,从来不是完全的客观事实,而是被解释出来的。或者说,历史就是解释史。哪怕每一个历史事件都是真的,选择哪些历史事件进入视野、如何解释这些历史事件,其实都是主观的。一个国家的历史,必然是依据某种价值观加以解释的结果。解释的目的,是为了影响未来。

同样的,对一个人来讲,如何解释自我——或者说解释自我的历史,在很大程度上,就会对接下来的生活产生影响。这种解释往往是在潜意识中进行的,是未经省察的。而未经省察的解释,经常会对人生产生一些不利的影响。在安徒生童话《丑小鸭》中,当猎狗没有伤害丑小鸭时,丑小鸭本应该感觉到幸运,但是他的解释却是"我丑得连猎狗也不想咬我了"。

什么是自我叙事？

自我叙事，就是有意识地对自己的生活进行讲述，并形成最有利于自己的解释风格。我们讲悲观主义者和乐观主义者，就是两种不同的解释风格。而这里讲的自我叙事性质的写作，是指一种特殊的写作样态，即以自我或自我的生活作为对象进行写作，例如自传、生命史、阅读史、日记等。或者简单地讲，所谓的自我叙事，就是将自己的故事写下来。

前面讲了，所谓的历史，本质上就是一种自我叙事。人类文明史，是人类的自我叙事；国家的历史，是某个民族或若干个民族组成的共同体的自我叙事。甚至于一所学校、一间教室，都可能拥有自己清晰的自我叙事。

在开始做"全人之美"课程的时候，我们有一个传统，就是每一位班主任，都要在周末给家长写一封信（其实是家长和孩子一起阅读的）。这封信的内容是什么？一般包含下面一些内容：

1. 一周班级生活综述（用叙事的方式）；

2. 重大的或有意义的事件的描述与解释；

3. 对家长和学生的期待；

4. 附录：周末作业及阅读建议。

大家可以想象一下，这封信，其实就是一篇以一周为长度的叙事，或者说班级的历史。在这里，一周的事件经过了精心的选择与剪裁，记叙、描写、抒情与议论交织在一起，平淡的生活，因为这样的叙事或者说解释，而拥有了自身的意义，并且为未来暗示了方向。

后来传播全人之美课程时，并没有坚持让班主任写每周叙事。因为这是一种极高的要求，只有当班主任把一间教室当成一种真正的教育生活，而不仅仅是工作时，写每周叙事才有意义。而且，还有两个基础条件，一是一定的教育理解力，二是一定的写作水平。当然，动机，或者说愿景是第一位的。如果希望真正地打造属于自己的完美教室，这种写作，就是特别有价值的专业发展路径之一。毕竟，教育理解力、写作水平，都是在这个过程中发展起来的。但如果老师只是把带班当成一项工作，每周叙事，就成了沉重的负担。所以，这更多的是一种自我要求，而无法变成学校对教师的要求。

但是，学校有一个传统，每个班级每学期开学时，要有开班典礼；学期结束时，要有期末叙事和颁奖典礼。这些，都是班级自我叙事的一部分（严格地讲，班会也应该成为班级叙事的一部分）。开班典礼，通常是愿景的描绘，经常会选择合适的故事讲述，并结合班级的使命、愿景、价值观来具象化表达。而期末叙事，则是对班级一个学期的故事（包括教育故事和课程故事）进行回顾。这种回顾不是总结，而是重现。选择一个学期中有价值的事件，用叙事的方式（通常采用英雄的旅程的结构）艺术化地表达出来。这种表达，就是对一个学期共同生活的解释，也是对价值观，或者说解释系统的一种强化，让本来平淡无奇的生活，拥有了意义。这种意义，会照亮接下来的班级生活。

期末叙事的中心是"事"，而颁奖典礼的中心则是"人"。

颁奖典礼，并不是对儿童一个学期学习的评判。比如优点几何、缺点几何、有哪些东西"希以后注意"。这种方式，是螺丝钉时代的遗物，与今天这个时代对人才的要求格格不入。颁奖典礼，乃是一种庆典，庆贺每一个生命在这一个学期中获得的成长。所以，没有评比，更不会排名，而是用象征的方式、比喻的方式，甚至直接描述的方式，去呈现每一个儿童充满独特性且光彩照人的形象。这既是一种描述，更是一种祝福。

举一个颁奖典礼中颁奖词的例子：

"穿过草坪走过来的是米塞斯维特庄园的主人，他那副神情，是许多佣人连见都没有见到过的。走在他身边，头高高抬起，眼里充满欢笑，步履紧稳，不逊于任何一个约克郡少年的，不是别人，正是科林少爷。"这是小说《秘密花园》的结尾。我喜欢这个结尾，仿佛那身边走着的，不是科林，而是我们的 ★★★，不比任何同学逊色的 ★★★。

身体不好不要紧，最重要的是内心的强大、自信！

魔力是什么？魔力就是遇到困难时不退缩，坚定地对自己说"我能行！" ★★★ 同学在学习的时候相当努力，每个星期天、每次在学校。他努力地写绘，正是因为一点一滴地努力，他的写绘从去年的常常要老师帮着写到今年的自己独立地写出几百字的文字。★★★ 朗读也很努力，他的阅读习惯越来越好，很多时候，已不要老师督促，自己拿起一本书静静地坐在座位上阅读；他的朗读能力也越来越强，在读《青鸟》时，他的朗读，给我们留下了深刻的印象。★★★ 也越来越文雅，不再在教室中大喊大叫，不再在外面挥动手脚，因为他知道，真正的强大是内心的强大，不是身体的强大。在期末的童话剧排演中，★★★ 表现也非常出色，从开始到最后，都非常地努力认真。亲爱的 ★★★，我们的科林，要努力，要自信，在心田中不断栽种美好，驱尽忐忑，驱尽软弱，身体站起来，精神也站起来，站立在这块大地上，寻找到那个内心强大的真正的自己。

班主任特别叮咛：

亲爱的 ★★★，要更努力地阅读，写作，挑战数学，要比别人付出更多的汗水。请记住，只有付出努力，你才能有收获，你也才能真正地获得精神的强大。《秘密花园》中还有一句老师喜欢的话："在你精心培育玫瑰之处，那儿，我的孩子啊，荆棘便难以容身。"我把这句话也送给你。精心栽种自己的玫瑰吧，有一天，你会发现你会成为玫瑰一样美好的孩子。

从这个颁奖词中可以看出，这个孩子，身体不好，学习也相对比较弱。而颁奖词有几个特点：一是着眼于孩子的进步，重在描述这一学期中，孩子的努力与进步。哪怕对孩子的假期要求，也在"班主任特别叮咛"中使用了正面表达。二是使用了童书中的人物（尤其是主人公）作为孩子的镜像。在《秘密花园》中，科林是一个身体有残疾、陷入自我诅咒中的孩子，最终在朋友的帮助下重新站起来，成了一个有活力的人。将这个故事送给这个同样受困于身体，并因为身体等原因，情绪和学业受到影响的孩子，就有可能对他的发展具有非常积极的意义。这当然不是自我叙事，而是老师的一份礼物，一份祝福，是以帮助孩子更好地建立自我叙事。

在这样的班级叙事中，我们看到了一种人类传统。

想象一下，在部落时代，到了重大节日，大家一起会聚在篝火旁的时候，会做些什么？部落的班主任——不，部落的长老，往往是故事的讲述者；故事的讲述者，同时是文化的守护者，会给部落的大人和小孩，讲部落的历史，讲如何征服自然，如何与入侵者作战。这就是口口相传的历史，是故事也是史诗，更是神话。故事未必真实，往往夹杂着愿望与想象。正是这些部落的自我叙事，将部落凝聚起来，不断地发展壮大。而过去一年或几年中，那些为部落做出重大贡献的人，会被视为英雄，不但享受礼遇，而且会不断地讲述他们的故事。这就类似于颁奖典礼。而这些英雄，就是部落里孩子们的榜样。

这就是叙事的意义。而今天的教育，应该重拾这一传统。

三

自我叙事为什么是重要的？

因为成长在本质上，就是不断地自我书写。这种自我书写既是潜意识的，有时也是有意识的。而作为自由写作的自我叙事，其价值与意义，就在于让这种自我叙事文本化。文本化会带来反思，书写本身就包含了反思，反过来就推动了自我发展的自觉。

这种书写，有许多种方式。例如生命史、阅读史、日记、心灵独白、童年回忆、个人计划或总结……其中最为重要的，是生命史、阅读史和日记。

先说日记。日记可以和自由写作画等号吗？日记到底应该怎么写？日记写作的误区在哪儿？

很多人，把自由写作当成日记。日记与自由写作有本质的区别，或者说，日记是一种特殊的自由写作。区别在哪儿？在于我们讲自由写作的时候，本质上是一种公共写作，至少大多数时候是。我们是把写作当成表达与交际的手段，借着文字来表达自己的观察与思考。但日记不同，日记在本质上是一种私人写作。私人写作，意味着日记是给自己看的。能不能公开？只要自己愿意，当然也可以，甚至公开写都没有问题。但本质上，日记是私人写作，不是用于和别人对话的。

老师鼓励学生写日记，这没有问题。但是写的日记要提交、要给老师看，这本质上就不是日记，不是自由写作了。日记一定要给老师看，就丧失了日记的意义，尤其是损害了日记的真实性。只要有观看者存在，日记本身被扭曲的概率就非常高。有人曾把日记称为"道德长跑"，让儿童通过写日记来完成一种所谓的道德上的自我修炼，还以为是一种高明的教育方法。殊不知，这是一种专制主义的残余。因为道德是私人的事，是一种自我修养；一旦公共化，就有可能变成虚伪或沦为表演，这恰恰是一种反道德。公共领域的道德，则是通过规则、对话以及问题解决来完成的。所以，当日记必须提交给老师看的时候，意义在哪儿呢？如果日记沦为形式，它就既起不到表达与交流的作用，也起不到锻炼写作的作用，因为它的目的是不明确的。最终，儿童会把日记当成作业，反而加重了学业负担。

那么，日记的本质是什么？它的价值在哪里？

其实，日记的本质，就是记录生活。生活是一条日夜不息的河流，不断地向后流走。而日记则是一张网，试图捞起有价值的事物。可记录的东西很多；对每个人来讲，应该记录的东西也不一样。比如当天发生的有价值的事、备忘录、计划与跟进、反思与复盘、想法与灵感、读书记录、收支记录，甚至天气状况或心情记录。

有人会觉得，每天的生活，千篇一律，日记里哪有那么多事可写？

其实恰恰相反，写日记会让我们变得敏感起来。觉得无事可写，本质上是一种存在的麻木。写作反过来，会让生命不再麻木。通过写日记，我们才更加注意到许多有价值的东西。可能是某件似乎极微小，但有意义的事；可能是在某一刻涌上心头的思考或感触。不只如此，日记还有助于计划和复盘。写下想做的事，写下进展，就是一种自我提醒。在这种情况下，日记又与清单结合起来，减轻了大脑记忆的负担。喜悦的时候，日记会记录下这一刻，就像相机一样，保存了美好的一刻；痛苦的时候，日记又像一个树洞，通过宣泄，生命就有可能重新开启、轻装上阵。有时候，甚至可以只是摘抄那些启发性的句子或段落。

从更深层次的意义上讲，日记，就是一个人独有的历史。而写日记，就是不断地自我整理和自我书写。记录本身就包含了选择、梳理和反思，有助于让生活和生命，成为一个越来越精彩的故事。

当写日记成为习惯后，写日记并不浪费时间，而会成为一种自觉。可以晚上写，可以早上写，也可以随时写。对成人来讲，也有许多日记工具或记录工具，甚至可以用语音、图片或视频来拓展日记的表达方式。

还有一种日记，值得特别推荐，就是班级日记或班级日志。

班级日志，可以由班上的学生轮流来写。也可以组建一个"长老院"，挑选一组（比如五个人）学生来写——当然，我更建议轮流来写。老师提出建议，给出模板，全班讨论修改，形成班级日志的结构。

比如，班级日志，可以由以下信息构成：

1. 基本信息。包括天气变化、常规活动等，这是背景和一般的交代。

2. 重大事件。这一天发生的有价值的事情，如实记录；越重要，越翔实，越要包含细节。

3. 反思与记录。有些要记录的琐事；对这一天班级发展的总体感受；令人感动的人事；必要的提醒；甚至，违规记录。

　　最好的方式，是第一周的写作，让相对水平高的学生来写，或者每一周第一天，由相对水平高的学生来写，然后老师做一些讨论和修改，形成范本。这种写作，最好不要写成流水账，而要写成散文类的文章。语言表达上要追求一种既简洁又润泽，既如实记录又直击人心的风格。总之，班级日志要写得让大家喜欢看，觉得真实、真诚；又像一面镜子，照出了班级的面貌，从而让更多的人愿意用心维护，去创造出好的故事来。

　　拟好的班级日志也可以允许修改，允许其他同学补充相应的故事或细节，以及做必要的修正。

　　这种文字记录，可以放在班级的网络空间，可以是手写的，就放在教室里，也可以采用电子稿形式，第二天早晨，或只要没有课的时候，呈现在教室里的电子屏幕上。

四

　　在日记的基础上（当然不一定要写日记），自我叙事还有一些非常重要的方式，比如阅读史或生命史。

　　生命史通常以学期或年度为单位，是定期的自我叙事。比如可以追问儿童：

　　1. 过去一年，你的生活中有哪些重大的事件（包括心灵事件）？它们是如何影响你的？

　　2. 过去一年，在你的生活中，哪些人对你产生了很大的影响？不妨列举 2—4 个，说说他们是谁，是如何影响你的。

　　3. 过去一年，你读过哪些书？影响你最深的一本或几本书是什么？它们是如何影响你的？

4. 过去一年，你最大的收获或进步是什么？是如何获得的？

5. 过去一年，你最遗憾和难过的事情是什么？为什么你会遗憾和难过？

6. 如果允许你许三个愿望，新的一年，你的愿望是什么？

显然，生命史就是成长史。而一个人的成长，总是在与环境的交互中不断发展的。在这里，关键事件、重要他人、影响至深的书籍，都会影响成长的方向和深度，并让儿童获得发展或留下遗憾。围绕着这六个问题，儿童就可能像写传记一样，用一篇文章，把一年的生活写成一个精彩的故事。而写这个故事的目的，不是为了过去，而是为了将来。

生命史，是可以从出生就开始写的。当然，在早期，在儿童能够自己书写自己的生命史之前，生命史是可以由父母来完成的。父母可以完成日常记录，再写下成长中的有价值的点点滴滴。把这些记录保存下来，装订成册，甚至配上照片，就是童年最好的礼物。

我们的教育，缺乏这种自觉，让父母为孩子写生命史的自觉，以及鼓励孩子写生命史的自觉（比如作为新年任务或假期任务）。因为更多的时候，我们会把成长看成是一个学习知识、追求功名的过程，没有深刻地认识到，成长是一段旅程。这段旅程不只有学习，它是丰富多彩的，需要有意识地加以梳理。只复习功课，这是知识中心主义的必然产物。如果认为教育必须以人为中心，难道每一年的人生，不值得回顾吗？不值得记录下来相互启发吗？

也可以让儿童写阅读史。毕竟，在成长过程中，阅读是最重要的方式之一。怎么写阅读史呢？也可以问一组问题：

1. 过去一年，你都读过哪些书？能列出一个清单吗？

2. 请你给这些书归类，并说明你偏爱哪一类、为什么。明年你希望加强哪些类别的书籍的阅读？

3. 有哪本书或哪几本书你特别喜欢，为什么喜欢它或它们？

4. 有没有你特别不喜欢的书？为什么不喜欢？

5. 和周围同学相比，你怎么评价并解释自己的阅读量、以及书籍的经典程度？

6. 新的一年，你有没有特别想读的书？

记录下自己读过的每一本书，是非常有意义的，也为写阅读史或生命史提供了材料。记录的方式很简单，可以由父母或儿童自己通过豆瓣读书来标记，也可以直接写在纸上，纸就贴在墙上。

这种回顾很有价值。可以通过回顾，看到究竟是哪些书籍影响了自己。一个人最喜欢的书籍里，有自己的生命密码。所以，这是一种由阅读构成的生命史或成长史，可以在回顾或书写时，清晰地理解"我是谁"。同时，阅读史也可以方便自己（甚至是成人，例如父母或老师）反思阅读上的结构性缺陷，从而不断地调整阅读内容。

不只学生可以写生命史或阅读史，老师也可以。而一个班级的"生命史"，就是前面讲过的期末叙事。

无论是生命史还是阅读史，本质上都是故事，这是最重要的。而作为故事，必然有记叙，有描写，有高潮，有转折，有成功，有失败，有主题，有价值观……生命因此有了自觉，也有了意义。

后记

很多年以来，我都在思考一个问题：为什么经历了十二年的语文学习后，学生的读写能力仍然如此糟糕？绝大多数学生，哪怕进入了名校，真实的写作能力，都无法达到我们的预期。少部分写作能力比较强的学生，往往又不是学校教出来的，而是家庭教育和个人兴趣联合作用的结果。

写作能力能够成为大部分学生的基础能力吗？

我认为答案是肯定的。障碍不在学生，而在于教师与课程。

在团队（尤其是干国祥老师）的启发下，我逐渐意识到了写作教学存在的关键问题：

1. 以应试作文为目标，而不是以培养一生有用的写作能力为目标；

2. 以修辞为核心，而不是以思维为核心；

3. 写作知识是碎片化且知识化的，而不是结构化和条件化的；

4. 强调精批细改，而不是以学生修改为主要方法；

5. 只重视怎么写，而忽视了写什么；

……

而南明教育全人之美课程体系，在很大程度上解决了这些问题。并且，在写作上，运用怀特海"浪漫—精确—综合"的原理，采用了"自由写作＋精确作文"的双线体系。通俗地讲，就是在写作领域，将"举三反一"和"举一反三"结合起来。

当然，这样表述容易产生误解，让读者误以为自由写作的目的是训练写作。实际上，自由写作是以写作为工具来表达，不能理解为日记、周记或练笔。

但是，怎么用好自由写作这个工具呢？

在这方面，南明教育团队在漫长的探索中，形成了许多原则与策略，并用于教师培训中。

几年前，团队与担当者行动合作，由我来担任顾问，并出任担当者行动橡果书院院长，将南明教育全人之美课程的成果，部分地对外发布。为了做好这件事，我"被迫地"写了《儿童读写三十讲》，构成了橡果书院初级课程的主体内容。有了初级，自然就有中级。在中级课程中，我责无旁贷地担任了部分课程的导师或联合导师，其中就包括了自由写作。

2022年下半年开始，大半年时间，在负责教务的友佳老师的"逼迫"下，我跌跌撞撞地完成了自由写作直播课程的交付。2023年下半年开始，又要做一轮迭代，将自由写作课程变成录播课程。又是一轮"逼迫"，跌跌撞撞地写完文字稿并完成录制。回头来看，友佳是我最应该感谢的人之一，没有她的督促，要完成自由写作的课程整理，短期内是不可能的。

和《儿童读写三十讲》一样，这是对南明教育全人之美课程中自由写作部分的一次系统整理。换句话说，这本书仍然代表了团队成果，尤其是课程创始人干国祥老师的智慧。个人自然无法完全"代表"团队，所以其中不准确甚至错误的地方，当然由我负全责。

行文至此，不禁感慨。

南明教育脱胎于新教育实验，是随着2000—2010年之间教育论坛的兴起，一群有志于教育的人联合起来的教育共同体，全人之美课程，是这群热爱教育的人反复研究与实践的结果。这套课程系统，自带自由基因。这是时代偶然的赠予，我也有义务把这些赠予传递下去，以影响现在、未来更多有志于教育、有志于儿童写作的同道，包括教师和家长。

套用一句俗烂的话：一个人可以走很快，但一群人可以走很远。

每念及此，心怀感激。

感谢我的团队，南明教育团队。大家天各一方，各自成就，群星璀璨，一声召唤，则会相互扶助，不遗余力。理想在，信念在，聚是一团火，散做满天星。我相信，我们的征程才刚刚开始。

感谢担当者行动，有这群年轻人的信任与合作，我们才能够将儿童读写的成果推广到千千万万乡村教师那里，这是一种润物细无声的功德。我相信，我们的合作，也才刚刚开始。

感谢"老魏的咖啡馆"的伙伴们（老魏的咖啡馆，既是我的微信公众号的名称，也是我在 cctalk 上创建的教师和家长的学习平台），许多灵感，其实来自和咖啡馆的伙伴们的讨论，这些讨论启发了我，而大家在接受我的建议后提供的反馈，也进一步帮助我完善了这些思考。

最后，感谢长江文艺出版社的施柳柳老师，协助出版橡果书院初级和中级课程的课程用书（另有长文挑战、读写绘、晨诵、童诗、整本书共读等）。

除自由写作外，我更多的时间，是在研究新课程背景下，以语文教材为依托的精确写作。就写作研究而言，这本书仅仅是一个起点。这个过程充满了孤寂，但也充满了快乐。在这样一个时代里，或许，只有热爱，才适合填满漫长的岁月。

魏智渊

2024 年 6 月 15 日星期六于重庆